Smaki Chin

Przewodnik Kulinarny do Kuchni Dalekiego Wschodu

Anna Kwok

Spis treści

Krewetki z sosem liczi *10*
Mandarynki Smażone Krewetki *11*
Krewetki Z Mangetoutem *12*
Krewetki Z Pieczarkami Chińskimi *13*
Smażona krewetka i groszek *14*
Krewetki z Mango Chutney *15*
Smażone kulki krewetkowe z sosem cebulowym *16*
Krewetki Mandarynkowe Z Groszkiem *17*
Krewetki Pekińskie *18*
Krewetki Z Papryką *19*
Smażone Krewetki Z Wieprzowiną *20*
Krewetki smażone w głębokim tłuszczu z sosem sherry *21*
Krewetki sezamowe smażone w głębokim tłuszczu *22*
Smażone Krewetki w Skorupach *23*
Krewetki Smażone na miękko *25*
Krewetka w Tempurze *25*
Sub guma *26*
Krewetki Z Tofu *27*
Krewetki Z Pomidorami *28*
Krewetki Z Sosem Pomidorowym *29*
Krewetki z sosem pomidorowym i chilli *30*
Krewetki Smażone W Sosie Pomidorowym *31*
Krewetki Z Warzywami *32*
Krewetki Z Kasztanami Wodnymi *33*
Wontony z krewetkami *34*
Abalone Z Kurczakiem *35*
Abalone ze szparagami *36*
Abalone Z Grzybami *38*
Abalone Z Sosem Ostrygowym *39*
Małże na parze *39*
Małże Z Kiełkami Fasoli *40*
Małże Z Imbirem i Czosnkiem *41*

Smażone małże 42
Ciasteczka krabowe 43
Krem Krabowy 44
Mięso Kraba Z Chińskimi Liśćmi 45
Krab Foo Yung z kiełkami fasoli 46
Krab Z Imbirem 47
Krab Lo Mein 48
Smażony Krab Z Wieprzowiną 49
Smażone Mięso Kraba 50
Smażone w głębokim tłuszczu kulki z mątwy 51
Homar po kantońsku 52
Homar smażony w głębokim tłuszczu 53
Homar na parze z szynką 54
Homar Z Pieczarkami 55
Ogony Homara Z Wieprzowiną 56
Smażony homar 57
Gniazda Homarów 59
Małże w sosie z czarnej fasoli 60
Małże Z Imbirem 61
Małże na parze 62
Smażone Ostrygi 63
Ostrygi Z Boczkiem 64
Smażone Ostrygi Z Imbirem 65
Ostrygi Z Sosem Z Czarnej Fasoli 66
Przegrzebki Z Pędami Bambusa 67
Przegrzebki Z Jajkiem 68
Przegrzebki Z Brokułami 69
Przegrzebki Z Imbirem 71
Przegrzebki Z Szynką 72
Mieszanka Przegrzebków Z Ziołami 73
Smażona przegrzebka i cebula 74
Przegrzebki Z Warzywami 75
Przegrzebki Z Papryką 76
Kalmary Z Kiełkami Fasoli 77
Smażona Kalmary 78
Paczki Kałamarnic 79

Smażone Roladki Z Kalmarów 81
Smażona kałamarnica 82
Kalmary Z Suszonymi Grzybami 83
Kalmary Z Warzywami 84
Duszona Wołowina Anyżowa 85
Wołowina Ze Szparagami 86
Wołowina z Pędami Bambusa 87
Wołowina z pędami bambusa i grzybami 88
Chińska duszona wołowina 89
Wołowina z Kiełkami Fasoli 90
Wołowina z brokułami 91
Sezamowa Wołowina Z Brokułami 92
Grillowana Wołowina 94
Wołowina po kantońsku 95
Wołowina Z Marchewką 96
Wołowina z Orzechami nerkowca 97
Powolna zapiekanka z wołowiną 98
Wołowina Z Kalafiorem 99
Wołowina Z Selerem 100
Smażone kawałki wołowiny z selerem 101
Rozdrobniona Wołowina Z Kurczakiem I Selerem 102
Wołowina chili 103
Wołowina Z Kapustą Chińską 105
Kotlet Wołowy Suey 106
Wołowina Z Ogórkiem 107
Wołowina Chow Mein 108
Stek Ogórkowy 110
Kurczak Z Pomidorami 111
Gotowany Kurczak Z Pomidorami 111
Kurczak i pomidory z sosem z czarnej fasoli 113
Szybko Gotowany Kurczak Z Warzywami 114
Kurczak Orzechowy 115
Kurczak Z Orzechami Włoskimi 116
Kurczak Z Kasztanami Wodnymi 117
Pikantny Kurczak Z Kasztanami Wodnymi 118
Pieczone Curry Wołowe 119

Szparagi Z Pieczarkami I Dymkami 120
Smażone szparagi 121
Słodko-kwaśne szparagi 121
Bakłażan z Bazylią 122
Duszony bakłażan 123
Duszony Bakłażan Z Pomidorami 124
Bakłażan na parze 125
Nadziewany Bakłażan 126
Smażony bakłażan 127
Pędy Bambusa Z Kurczakiem 128
Smażone Pędy Bambusa 129
Smażone Pędy Bambusa 130
Pędy Bambusa Z Grzybami 131
Pędy Bambusa Z Suszonymi Grzybami 132
Pędy bambusa w sosie ostrygowym 133
Pędy bambusa z olejem sezamowym 134
Pędy Bambusa Ze Szpinakiem 135
Smażony bob 136
Fasolka szparagowa z chilli 137
Przyprawiona fasolka szparagowa 138
Smażona fasolka szparagowa 138
Smażone kiełki fasoli 139
Smażenie kiełków fasoli 140
Kiełki fasoli i seler 141
Kiełki fasoli i papryka 142
Kiełki Fasoli Z Wieprzowiną 143
Smażone brokuły 144
Brokuły w brązowym sosie 145
Kapusta Z Plasterkami Boczku 146
Krem z kapusty 147
Kapusta pekińska z grzybami 148
Pikantna smażona kapusta 149
Kapusta słodko-kwaśna 150
Słodko-kwaśna czerwona kapusta 151
Chrupiące wodorosty 152
Marchewki Z Miodem 153

Smażona marchewka i papryka 154
Smażony Kalafior 155
Kalafior Z Pieczarkami 156
Smażenie selera 157
Seler i Grzyby 158
Smażone chińskie liście 159
Chińskie liście w mleku 160
Chińskie liście z grzybami 161
Chińskie liście z przegrzebkami 162
Parowane chińskie liście 163
Chińskie liście z kasztanami wodnymi 164
Smażona cukinia 165
Cukinie w sosie z czarnej fasoli 166
Nadziewane Ukąszenia Cukinii 167
Ogórek Z Krewetkami 168
Ogórki Z Olejem Sezamowym 169
Nadziewane Ogórki 170
Smażone liście mniszka lekarskiego 171
Duszona Sałata 172
Sałata Smażona Z Imbirem 173
Mangetout z pędami bambusa 174
Mangetout Z Pieczarkami I Imbirem 175
Chiński szpik 176
Nadziewany szpik 177
Pieczarki Z Sosem Anchois 178
Grzyby i pędy bambusa 179
Grzyby z pędami bambusa i mangetoutem 180
Grzyby Z Mangetoutem 181
Pikantne Grzyby 182
Grzyby Na Parze 183
Grzyby Nadziewane Na Parze 184
Grzyby Słomiane W Sosie Ostrygowym 185
Pieczona Cebula 186
Curry Cebula Z Groszkiem 187
Cebula perłowa w sosie pomarańczowo-imbirowym 188
Krem Cebulowy 189

Pak Choi *190*
Groch Z Pieczarkami *191*
Smażona Papryka *192*
Smażona papryka i fasola *193*
Papryka Nadziewana Rybą *194*
Papryka Nadziewana Wieprzowiną *195*
Papryka Nadziewana Warzywami *197*
Smażone Ziemniaki i Marchew *198*
Smażony Ziemniak *199*
Przyprawione Ziemniaki *200*
Dynia Z Makaronem Ryżowym *201*
Szalotki w Piwie Słodowym *202*
Szpinak Z Czosnkiem *203*
Szpinak Z Pieczarkami *204*
Szpinak Z Imbirem *205*
Szpinak Z Orzeszkami ziemnymi *206*
Warzywne Chow Mein *207*
Wymieszane warzywa *208*
Mieszane Warzywa Z Imbirem *209*
Sajgonki Warzywne *210*
Proste Smażone Warzywa *212*
Warzywa Z Miodem *213*
Smażone Wiosenne Warzywa *214*
Marynowane Warzywa Gotowane Na Parze *216*
Warzywne niespodzianki *217*

Krewetki z sosem liczi

Służy 4

50 g/2 uncje/½ kubek zwykły (uniwersalny) mąka

2,5 ml/½ łyżeczki soli

1 jajko, lekko ubite

30 ml/2 łyżki wody

450 g/1 funt obranych krewetek

olej do głębokiego smażenia

30 ml/2 łyżki oleju z orzeszków ziemnych

2 plasterki korzenia imbiru, posiekane

30 ml/2 łyżki octu winnego

5 ml/1 łyżeczka cukru

2,5 ml/½ łyżeczki soli

15 ml/1 łyżka sosu sojowego

200 g liczi z puszki, odsączonych

Z mąki, soli, jajka i wody zagnieść ciasto, w razie potrzeby dodając trochę więcej wody. Mieszaj z krewetkami, aż będą dobrze pokryte. Rozgrzej olej i smaż krewetki przez kilka minut, aż będą chrupiące i złociste. Odsączyć na papierze kuchennym i ułożyć na ogrzanym talerzu. W międzyczasie rozgrzać olej i smażyć imbir przez 1 minutę. Dodać ocet winny, cukier, sól i sos sojowy. Dodaj liczi i mieszaj, aż będą ciepłe i pokryte sosem. Polać krewetkami i od razu podawać.

Mandarynki Smażone Krewetki

Służy 4

60 ml/4 łyżki oleju z orzeszków ziemnych
1 ząbek czosnku, zmiażdżony
1 plasterek korzenia imbiru, posiekany
450 g/1 funt obranych krewetek
30 ml/2 łyżki wina ryżowego lub wytrawnego sherry 30 ml/2 łyżki sosu sojowego
15 ml/1 łyżka mąki kukurydzianej (skrobi kukurydzianej)
45ml/3 łyżki wody

Rozgrzej oliwę i podsmaż czosnek i imbir, aż lekko się zarumienią. Dodać krewetki i smażyć mieszając przez 1 minutę. Dodaj wino lub sherry i dobrze wymieszaj. Dodać sos sojowy, mąkę kukurydzianą i wodę i smażyć mieszając przez 2 minuty.

Krewetki Z Mangetoutem

Służy 4

5 suszonych grzybów chińskich
225 g kiełków fasoli
60 ml/4 łyżki oleju z orzeszków ziemnych
5 ml/1 łyżeczka soli
2 łodygi selera, posiekane
4 dymki (szalotki), posiekane
2 ząbki czosnku, zmiażdżone
2 plasterki korzenia imbiru, posiekane
60ml/4 łyżki wody
15 ml/1 łyżka sosu sojowego
15 ml/1 łyżka wina ryżowego lub wytrawnego sherry
225 g/8 uncji mangetout (groszek śnieżny)
225 g obranych krewetek
15 ml/1 łyżka mąki kukurydzianej (skrobi kukurydzianej)

Grzyby namoczyć w ciepłej wodzie na 30 minut, następnie odcedzić. Odrzucić łodygi i pokroić kapelusze. Kiełki fasoli blanszować we wrzącej wodzie przez 5 minut, a następnie dobrze odcedzić. Rozgrzej połowę oleju i smaż sól, seler, dymkę i kiełki fasoli przez 1 minutę, a następnie zdejmij je z patelni. Rozgrzej pozostałą oliwę i podsmaż czosnek i imbir, aż lekko się zarumienią. Dodać połowę wody, sos sojowy, wino lub sherry, mangetout i krewetki, doprowadzić do wrzenia i gotować na wolnym ogniu przez 3 minuty. Mąkę kukurydzianą i pozostałą wodę wymieszaj na pastę, wlej na patelnię i gotuj na wolnym ogniu, mieszając, aż sos zgęstnieje. Włóż warzywa z powrotem na patelnię, gotuj na wolnym ogniu, aż się zarumienią. Podawać na raz.

Krewetki Z Pieczarkami Chińskimi

Służy 4

8 suszonych grzybów chińskich
45 ml/3 łyżki oleju z orzeszków ziemnych
3 plasterki korzenia imbiru, posiekane
450 g/1 funt obranych krewetek
15 ml/1 łyżka sosu sojowego
5 ml/1 łyżeczka soli
60 ml/4 łyżki bulionu rybnego

Grzyby namoczyć w ciepłej wodzie na 30 minut, następnie odcedzić. Odrzucić łodygi i pokroić kapelusze. Rozgrzewamy połowę oliwy i smażymy imbir, aż się lekko zrumieni. Dodaj krewetki, sos sojowy i sól, smaż, aż pokryją się olejem, a następnie zdejmij z patelni. Rozgrzać pozostały olej i smażyć mieszając, aż grzyby pokryją się olejem. Dodać bulion, doprowadzić do wrzenia, przykryć i dusić przez 3 minuty. Krewetki włóż z powrotem na patelnię i mieszaj, aż się podgrzeją.

Smażona krewetka i groszek

Służy 4

450 g/1 funt obranych krewetek
5 ml/1 łyżeczka oleju sezamowego
5 ml/1 łyżeczka soli
30 ml/2 łyżki oleju z orzeszków ziemnych
1 ząbek czosnku, zmiażdżony
1 plasterek korzenia imbiru, posiekany
225 g blanszowanego lub mrożonego groszku, rozmrożonego
4 dymki (szalotki), posiekane
30ml/2 łyżki wody
sól i pieprz

Wymieszaj krewetki z olejem sezamowym i solą. Rozgrzej olej i smaż czosnek i imbir przez 1 minutę. Dodać krewetki i smażyć mieszając przez 2 minuty. Dodać groszek i smażyć mieszając przez 1 minutę. Dodaj dymkę i wodę, dopraw solą i pieprzem oraz, jeśli lubisz, odrobiną oleju sezamowego. Przed podaniem podgrzać, dokładnie mieszając.

Krewetki z Mango Chutney

Służy 4

12 krewetek królewskich

sól i pieprz

sok z 1 cytryny

30 ml/2 łyżki mąki kukurydzianej (skrobi kukurydzianej)

1 mango

5 ml/1 łyżeczka musztardy w proszku

5 ml/1 łyżeczka miodu

30 ml/2 łyżki śmietanki kokosowej

30 ml/2 łyżki łagodnego curry w proszku

120 ml/4 uncji/szklanka bulionu z kurczaka

45 ml/3 łyżki oleju z orzeszków ziemnych

2 ząbki czosnku, posiekane

2 cebule dymki (szalotki), posiekane

1 bulwa kopru włoskiego, posiekana

100 g chutneyu z mango

Obierz krewetki, pozostawiając ogony nienaruszone. Posyp solą, pieprzem i sokiem z cytryny, a następnie posyp połową mąki kukurydzianej. Obierz mango, odetnij miąższ od pestki, a następnie pokrój go w kostkę. Wymieszaj musztardę, miód, śmietankę kokosową, curry, pozostałą mąkę kukurydzianą i bulion. Rozgrzać połowę oliwy i smażyć czosnek, dymkę i koper włoski przez 2 minuty. Dodać bulion, doprowadzić do wrzenia i gotować przez 1 minutę. Dodaj kostki mango i chutney, delikatnie podgrzej, a następnie przełóż na ogrzany talerz. Rozgrzać pozostały olej i smażyć krewetki przez 2 minuty, mieszając. Ułóż je na warzywach i od razu podawaj.

Smażone kulki krewetkowe z sosem cebulowym

Służy 4

3 jajka, lekko ubite

45 ml/3 łyżki mąki zwykłej (uniwersalnej).

sól i świeżo zmielony pieprz

450 g/1 funt obranych krewetek

olej do głębokiego smażenia

15 ml/1 łyżka oleju z orzeszków ziemnych

2 cebule, posiekane

15 ml/1 łyżka mąki kukurydzianej (skrobi kukurydzianej)

30 ml/2 łyżki sosu sojowego

175 ml/6 uncji/szklanka wody

Wymieszaj jajka, mąkę, sól i pieprz. Wrzuć krewetki do ciasta. Rozgrzej olej i smaż krewetki w głębokim tłuszczu na złoty kolor. W międzyczasie rozgrzej olej i smaż cebulę przez 1 minutę. Pozostałe składniki zmiksować na pastę, dodać do cebuli i smażyć, mieszając, aż sos zgęstnieje. Odcedzić krewetki i ułożyć na ogrzanym talerzu. Polej sosem i od razu podawaj.

Krewetki Mandarynkowe Z Groszkiem

Służy 4

60 ml/4 łyżki oleju z orzeszków ziemnych

1 ząbek czosnku, posiekany

1 plasterek korzenia imbiru, posiekany

450 g/1 funt obranych krewetek
30 ml/2 łyżki wina ryżowego lub wytrawnego sherry
225 g mrożonego groszku, rozmrożonego
30 ml/2 łyżki sosu sojowego
15 ml/1 łyżka mąki kukurydzianej (skrobi kukurydzianej)
45ml/3 łyżki wody

Rozgrzej oliwę i podsmaż czosnek i imbir, aż lekko się zarumienią. Dodać krewetki i smażyć mieszając przez 1 minutę. Dodaj wino lub sherry i dobrze wymieszaj. Dodać groszek i smażyć mieszając przez 5 minut. Dodać pozostałe składniki i smażyć mieszając przez 2 minuty.

Krewetki Pekińskie

Służy 4

30 ml/2 łyżki oleju z orzeszków ziemnych
2 ząbki czosnku, zmiażdżone
1 plasterek korzenia imbiru, drobno posiekany
225 g obranych krewetek
4 dymki (szalotki), pokrojone w grube plasterki
120 ml/4 uncji/szklanka bulionu z kurczaka

5 ml/1 łyżeczka brązowego cukru

5 ml/1 łyżeczka sosu sojowego

5 ml/1 łyżeczka sosu hoisin

5 ml/1 łyżeczka sosu tabasco

Rozgrzej oliwę z czosnkiem i imbirem i smaż, aż czosnek się lekko zrumieni. Dodać krewetki i smażyć mieszając przez 1 minutę. Dodaj cebulę dymkę i smaż mieszając przez 1 minutę. Dodać pozostałe składniki, doprowadzić do wrzenia, przykryć i dusić przez 4 minuty, od czasu do czasu mieszając. Sprawdź przyprawę i jeśli wolisz, dodaj trochę więcej sosu tabasco.

Krewetki Z Papryką

Służy 4

30 ml/2 łyżki oleju z orzeszków ziemnych

1 zielona papryka, pokrojona w kawałki

450 g/1 funt obranych krewetek

10 ml/2 łyżeczki mąki kukurydzianej (skrobi kukurydzianej)

60ml/4 łyżki wody

5 ml/1 łyżeczka wina ryżowego lub wytrawnego sherry

2,5 ml/¬Ω łyżeczki soli

45 ml/2 łyżki przecieru pomidorowego (pasta)

Rozgrzej olej i smaż paprykę przez 2 minuty. Dodaj krewetki i przecier pomidorowy i dobrze wymieszaj. Zmieszaj wodę z mąki kukurydzianej, wino lub sherry i sól na pastę, wmieszaj ją na patelnię i gotuj na wolnym ogniu, mieszając, aż sos się przejaśni i zgęstnieje.

Smażone Krewetki Z Wieprzowiną

Służy 4

225 g obranych krewetek
100 g chudej wieprzowiny, rozdrobnionej
60 ml/4 łyżki wina ryżowego lub wytrawnego sherry
1 białko jaja
45 ml/3 łyżki mąki kukurydzianej (skrobi kukurydzianej)
5 ml/1 łyżeczka soli
15 ml/1 łyżka wody (opcjonalnie)
90 ml/6 łyżek oleju z orzeszków ziemnych
45 ml/3 łyżki bulionu rybnego
5 ml/1 łyżeczka oleju sezamowego

Krewetki i wieprzowinę włóż do oddzielnych misek. Zmieszaj 45 ml/3 łyżki wina lub sherry, białko jaja, 30 ml/2 łyżki mąki kukurydzianej i sól na luźne ciasto, w razie potrzeby dodając wodę. Podzielić mieszaninę pomiędzy wieprzowinę i krewetki i dobrze wymieszać, aby równomiernie je pokryć. Rozgrzej olej i smaż wieprzowinę i krewetki przez kilka minut, aż uzyskają złoty kolor. Zdjąć z patelni i odlać całość oprócz 15 ml/1 łyżkę oleju. Do garnka wlać bulion, resztę wina lub sherry i mąkę kukurydzianą. Doprowadzić do wrzenia i gotować, mieszając, aż sos zgęstnieje. Polać krewetkami i wieprzowiną i podawać skropione olejem sezamowym.

Krewetki smażone w głębokim tłuszczu z sosem sherry

Służy 4

50 g/2 uncje/¬Ω szklanki zwykłej (uniwersalnej) mąki
2,5 ml/¬Ω łyżeczki soli
1 jajko, lekko ubite
30ml/2 łyżki wody
450 g/1 funt obranych krewetek
olej do głębokiego smażenia

15 ml/1 łyżka oleju z orzeszków ziemnych
1 cebula, drobno posiekana
45 ml/3 łyżki wina ryżowego lub wytrawnego sherry
15 ml/1 łyżka sosu sojowego
120 ml/4 uncji/szklanka bulionu rybnego
10 ml/2 łyżeczki mąki kukurydzianej (skrobi kukurydzianej)
30ml/2 łyżki wody

Z mąki, soli, jajka i wody zagnieść ciasto, w razie potrzeby dodając trochę więcej wody. Mieszaj z krewetkami, aż będą dobrze pokryte. Rozgrzej olej i smaż krewetki przez kilka minut, aż będą chrupiące i złociste. Odsączyć na papierze kuchennym i ułożyć na ogrzanym naczyniu do serwowania. W międzyczasie rozgrzewamy olej i smażymy cebulę, aż zmięknie. Dodać wino lub sherry, sos sojowy i bulion, doprowadzić do wrzenia i gotować na wolnym ogniu przez 4 minuty. Mąkę kukurydzianą i wodę wymieszać na pastę, wlać na patelnię i dusić, mieszając, aż sos się przejaśni i zgęstnieje. Sosem polej krewetki i podawaj.

Krewetki sezamowe smażone w głębokim tłuszczu

Służy 4

450 g/1 funt obranych krewetek

½ białko jaja

5 ml/1 łyżeczka sosu sojowego

5 ml/1 łyżeczka oleju sezamowego

50 g/2 uncje/½ filiżanka mąki kukurydzianej (skrobi kukurydzianej)

sól i świeżo zmielony biały pieprz

olej do głębokiego smażenia

60 ml/4 łyżki nasion sezamu

liście sałaty

Krewetki wymieszaj z białkiem, sosem sojowym, olejem sezamowym, mąką kukurydzianą, solą i pieprzem. Jeśli mieszanina jest zbyt gęsta, dodaj trochę wody. Rozgrzej olej i smaż krewetki przez kilka minut, aż będą lekko złociste. W międzyczasie podpraż nasiona sezamu na suchej patelni, aż będą złociste. Odcedzić krewetki i wymieszać z nasionami sezamu. Podawać na sałacie.

Smażone Krewetki w Skorupach

Służy 4

60 ml/4 łyżki oleju z orzeszków ziemnych
750 g nieobranych krewetek
3 cebule dymki (szalotki), posiekane
3 plasterki korzenia imbiru, posiekane
2,5 ml/½ łyżeczki soli
15 ml/1 łyżka wina ryżowego lub wytrawnego sherry
120 ml/4 uncji/½ szklanki ketchupu pomidorowego (catsup)
15 ml/1 łyżka sosu sojowego
15 ml/1 łyżka cukru
15 ml/1 łyżka mąki kukurydzianej (skrobi kukurydzianej)
60ml/4 łyżki wody

Rozgrzej olej i smaż krewetki przez 1 minutę, jeśli są ugotowane, lub do momentu, aż zmienią kolor na różowy, jeśli są niegotowane. Dodaj dymkę, imbir, sól i wino lub sherry i smaż przez 1 minutę, mieszając. Dodać ketchup pomidorowy, sos sojowy i cukier i smażyć mieszając przez 1 minutę. Wymieszaj mąkę kukurydzianą z wodą, wlej ją na patelnię i gotuj na wolnym ogniu, mieszając, aż sos się przejaśni i zgęstnieje.

Krewetki Smażone na miękko

Służy 4

75 g / 3 uncje / czubatą ¼ szklanki mąki kukurydzianej (skrobi kukurydzianej)

1 białko jaja

5 ml/1 łyżeczka wina ryżowego lub wytrawnego sherry

sól

350 g obranych krewetek

olej do głębokiego smażenia

Wymieszaj mąkę kukurydzianą, białko jaja, wino lub sherry i szczyptę soli, aby uzyskać gęste ciasto. Zanurzaj krewetki w cieście, aż będą dobrze pokryte. Rozgrzej olej do średniej temperatury i smaż krewetki przez kilka minut, aż uzyskają złoty kolor. Zdejmij z oleju, rozgrzej go ponownie, aż będzie gorący, a następnie ponownie smaż krewetki, aż będą chrupiące i brązowe.

Krewetka w Tempurze

Służy 4

450 g/1 funt obranych krewetek

30 ml/2 łyżki mąki zwykłej (uniwersalnej).
30 ml/2 łyżki mąki kukurydzianej (skrobi kukurydzianej)
30ml/2 łyżki wody
2 jajka, ubite
olej do głębokiego smażenia

Krewetki przekrój do połowy wzdłuż wewnętrznej krzywizny i rozłóż, tworząc motyla. Mąkę, mąkę kukurydzianą i wodę wymieszać na ciasto, następnie dodać jajka. Rozgrzej olej i smaż krewetki w głębokim tłuszczu na złoty kolor.

Sub guma

Służy 4

30 ml/2 łyżki oleju z orzeszków ziemnych
2 cebule dymki (szalotki), posiekane
1 ząbek czosnku, zmiażdżony
1 plasterek korzenia imbiru, posiekany
100 g piersi z kurczaka, pokrojonej w paski
100 g szynki pokrojonej w paski
100 g pędów bambusa pokrojonych w paski
100 g kasztanów wodnych, pokrojonych w paski
225 g obranych krewetek
30 ml/2 łyżki sosu sojowego
30 ml/2 łyżki wina ryżowego lub wytrawnego sherry

5 ml/1 łyżeczka soli

5 ml/1 łyżeczka cukru

5 ml/1 łyżeczka mąki kukurydzianej (skrobi kukurydzianej)

Rozgrzej oliwę i podsmaż dymkę, czosnek i imbir, aż lekko się zarumienią. Dodać kurczaka i smażyć mieszając przez 1 minutę. Dodać szynkę, pędy bambusa i kasztany wodne i smażyć mieszając przez 3 minuty. Dodać krewetki i smażyć mieszając przez 1 minutę. Dodaj sos sojowy, wino lub sherry, sól i cukier i smaż przez 2 minuty, mieszając. Mąkę kukurydzianą wymieszać z odrobiną wody, wsypać na patelnię i dusić, mieszając, przez 2 minuty.

Krewetki Z Tofu

Służy 4

45 ml/3 łyżki oleju z orzeszków ziemnych

225 g tofu pokrojonego w kostkę

1 cebula dymka (szczypiorek), posiekana

1 ząbek czosnku, zmiażdżony

15 ml/1 łyżka sosu sojowego

5 ml/1 łyżeczka cukru

90 ml/6 łyżek bulionu rybnego
225 g obranych krewetek
15 ml/1 łyżka mąki kukurydzianej (skrobi kukurydzianej)
45ml/3 łyżki wody

Rozgrzej połowę oleju i podsmaż tofu, aż się lekko zrumieni, a następnie zdejmij je z patelni. Rozgrzej pozostały olej i smaż cebulę i czosnek, mieszając, aż się lekko zrumienią. Dodać sos sojowy, cukier i bulion i doprowadzić do wrzenia. Dodaj krewetki i mieszaj na małym ogniu przez 3 minuty. Mąkę kukurydzianą i wodę zmiksować na pastę, wlać na patelnię i dusić, mieszając, aż sos zgęstnieje. Włóż tofu z powrotem na patelnię i delikatnie gotuj, aż się rozgrzeje.

Krewetki Z Pomidorami

Służy 4

2 białka jaj
30 ml/2 łyżki mąki kukurydzianej (skrobi kukurydzianej)
5 ml/1 łyżeczka soli
450 g/1 funt obranych krewetek
olej do głębokiego smażenia

30 ml/2 łyżki wina ryżowego lub wytrawnego sherry
225 g pomidorów obranych ze skórki, pozbawionych nasion i posiekanych

Wymieszaj białka, mąkę kukurydzianą i sól. Mieszaj krewetki, aż będą dobrze pokryte. Rozgrzej olej i smaż krewetki, aż będą ugotowane. Odlać całość oprócz 15 ml/1 łyżkę oleju i ponownie podgrzać. Dodaj wino lub sherry i pomidory i zagotuj. Wymieszaj krewetki i szybko podgrzej przed podaniem.

Krewetki Z Sosem Pomidorowym

Służy 4

30 ml/2 łyżki oleju z orzeszków ziemnych
1 ząbek czosnku, zmiażdżony
2 plasterki korzenia imbiru, posiekane
2,5 ml/¬Ω łyżeczki soli
15 ml/1 łyżka wina ryżowego lub wytrawnego sherry
15 ml/1 łyżka sosu sojowego
6 ml/4 łyżki ketchupu pomidorowego (catsup)
120 ml/4 uncji/szklanka bulionu rybnego
350 g obranych krewetek
10 ml/2 łyżeczki mąki kukurydzianej (skrobi kukurydzianej)
30ml/2 łyżki wody

Rozgrzej olej i smaż czosnek, imbir i sól przez 2 minuty. Dodać wino lub sherry, sos sojowy, ketchup pomidorowy i bulion i doprowadzić do wrzenia. Dodać krewetki, przykryć i dusić przez 2 minuty. Mąkę kukurydzianą i wodę wymieszać na pastę, wlać na patelnię i dusić, mieszając, aż sos się przejaśni i zgęstnieje.

Krewetki z sosem pomidorowym i chilli

Służy 4

60 ml/4 łyżki oleju z orzeszków ziemnych
15 ml/1 łyżka mielonego imbiru
15 ml/1 łyżka mielonego czosnku
15 ml/1 łyżka posiekanej dymki
60 ml/4 łyżki przecieru pomidorowego (pasta)
15 ml/1 łyżka sosu chilli
450 g/1 funt obranych krewetek
15 ml/1 łyżka mąki kukurydzianej (skrobi kukurydzianej)
15ml/1 łyżka wody

Rozgrzej olej i smaż imbir, czosnek i dymkę przez 1 minutę. Dodaj przecier pomidorowy i sos chili i dobrze wymieszaj. Dodać krewetki i smażyć mieszając przez 2 minuty. Zmiksuj mąkę kukurydzianą z wodą na pastę, wlej ją na patelnię i gotuj na wolnym ogniu, aż sos zgęstnieje. Podawać na raz.

Krewetki Smażone W Sosie Pomidorowym

Służy 4

50 g/2 uncje/¬Ω szklanki zwykłej (uniwersalnej) mąki

2,5 ml/¬Ω łyżeczki soli

1 jajko, lekko ubite

30ml/2 łyżki wody

450 g/1 funt obranych krewetek

olej do głębokiego smażenia

30 ml/2 łyżki oleju z orzeszków ziemnych

1 cebula, drobno posiekana

2 plasterki korzenia imbiru, posiekane

75 ml/5 łyżek ketchupu pomidorowego (catsup)

10 ml/2 łyżeczki mąki kukurydzianej (skrobi kukurydzianej)

30ml/2 łyżki wody

Z mąki, soli, jajka i wody zagnieść ciasto, w razie potrzeby dodając trochę więcej wody. Mieszaj z krewetkami, aż będą dobrze pokryte. Rozgrzej olej i smaż krewetki przez kilka minut, aż będą chrupiące i złociste. Odsączyć na papierze kuchennym.

W międzyczasie rozgrzej olej i podsmaż cebulę i imbir, aż zmiękną. Dodać ketchup pomidorowy i dusić przez 3 minuty. Mąkę kukurydzianą i wodę wymieszać na pastę, wlać na patelnię i dusić, mieszając, aż sos zgęstnieje. Dodaj krewetki na patelnię i gotuj, aż się zarumienią. Podawać na raz.

Krewetki Z Warzywami

Służy 4

15 ml/1 łyżka oleju z orzeszków ziemnych
225 g różyczek brokułów
225 g pieczarek
225 g pędów bambusa, pokrojonych w plasterki
450 g/1 funt obranych krewetek
120 ml/4 uncji/szklanka bulionu z kurczaka

5 ml/1 łyżeczka mąki kukurydzianej (skrobi kukurydzianej)

5 ml/1 łyżeczka sosu ostrygowego

2,5 ml/¬Ω łyżeczki cukru

2,5 ml/¬Ω łyżeczki startego korzenia imbiru

szczypta świeżo zmielonego pieprzu

Rozgrzej olej i smaż brokuły przez 1 minutę, mieszając. Dodać grzyby i pędy bambusa i smażyć mieszając przez 2 minuty. Dodać krewetki i smażyć mieszając przez 2 minuty. Wymieszaj pozostałe składniki i dodaj do mieszanki krewetek. Doprowadzić do wrzenia, mieszając, następnie gotować na wolnym ogniu przez 1 minutę, ciągle mieszając.

Krewetki Z Kasztanami Wodnymi

Służy 4

60 ml/4 łyżki oleju z orzeszków ziemnych

1 ząbek czosnku, posiekany

1 plasterek korzenia imbiru, posiekany

450 g/1 funt obranych krewetek

30 ml/2 łyżki wina ryżowego lub wytrawnego sherry 225 g kasztanów wodnych, pokrojonych w plasterki

30 ml/2 łyżki sosu sojowego

15 ml/1 łyżka mąki kukurydzianej (skrobi kukurydzianej)

45ml/3 łyżki wody

Rozgrzej oliwę i podsmaż czosnek i imbir, aż lekko się zarumienią. Dodać krewetki i smażyć mieszając przez 1 minutę. Dodaj wino lub sherry i dobrze wymieszaj. Dodać kasztany wodne i smażyć mieszając przez 5 minut. Dodać pozostałe składniki i smażyć mieszając przez 2 minuty.

Wontony z krewetkami

Służy 4

450 g obranych krewetek i posiekanych

225 g mieszanych warzyw, posiekanych

15 ml/1 łyżka sosu sojowego

2,5 ml/¬Ω łyżeczki soli

kilka kropli oleju sezamowego

40 skórek wontonów

olej do głębokiego smażenia

Wymieszaj krewetki, warzywa, sos sojowy, sól i olej sezamowy.

Aby złożyć wontony, przytrzymaj skórkę w lewej dłoni i nałóż odrobinę nadzienia na środek. Brzegi zwilżyć jajkiem i złożyć skórkę w trójkąt, sklejając brzegi. Zwilż rogi jajkiem i skręć je ze sobą.

Rozgrzej olej i smaż po kilka wontonów na złoty kolor. Dobrze odcedź przed podaniem.

Abalone Z Kurczakiem

Służy 4

400 g uchowca w puszce
30 ml/2 łyżki oleju z orzeszków ziemnych
100 g piersi z kurczaka, pokrojonej w kostkę
100 g pędów bambusa, pokrojonych w plasterki
250 ml/8 uncji/1 szklanka bulionu rybnego
15 ml/1 łyżka wina ryżowego lub wytrawnego sherry

5 ml/1 łyżeczka cukru

2,5 ml/¬Ω łyżeczki soli

15 ml/1 łyżka mąki kukurydzianej (skrobi kukurydzianej)

45ml/3 łyżki wody

Odcedź i pokrój ucho, zachowując sok. Rozgrzej olej i smaż kurczaka, aż uzyska jasnozłoty kolor. Dodaj uchowca i pędy bambusa i smaż przez 1 minutę, mieszając. Dodać płyn z uchowca, bulion, wino lub sherry, cukier i sól, doprowadzić do wrzenia i gotować na wolnym ogniu przez 2 minuty. Mąkę kukurydzianą i wodę wymieszać na pastę i gotować na wolnym ogniu, mieszając, aż sos się przejaśni i zgęstnieje. Podawać na raz.

Abalone ze szparagami

Służy 4

10 suszonych grzybów chińskich

30 ml/2 łyżki oleju z orzeszków ziemnych

15ml/1 łyżka wody

225 g szparagów

2,5 ml/¬Ω łyżeczki sosu rybnego

15 ml/1 łyżka mąki kukurydzianej (skrobi kukurydzianej)

225 g Uchowca w puszce, pokrojonego w plasterki

60 ml/4 łyżki bulionu

¬Ω mała marchewka, pokrojona w plasterki

5 ml/1 łyżeczka sosu sojowego

5 ml/1 łyżeczka sosu ostrygowego

5 ml/1 łyżeczka wina ryżowego lub wytrawnego sherry

Grzyby namoczyć w ciepłej wodzie na 30 minut, następnie odcedzić. Odrzuć łodygi. Rozgrzej 15 ml/1 łyżkę oleju z wodą i smaż kapelusze grzybów przez 10 minut. W międzyczasie ugotuj szparagi we wrzącej wodzie z sosem rybnym i 5 ml/1 łyżeczką mąki kukurydzianej, aż będą miękkie. Dobrze odcedzić i ułożyć na podgrzanym talerzu razem z grzybami. Utrzymuj je w cieple. Rozgrzej pozostały olej i smaż uchowca przez kilka sekund, następnie dodaj bulion, marchewkę, sos sojowy, sos ostrygowy, wino lub sherry i pozostałą mąkę kukurydzianą. Gotuj przez około 5 minut, aż będzie dobrze ugotowany, następnie połóż szparagi i podawaj.

Abalone Z Grzybami

Służy 4

6 suszonych grzybów chińskich
400 g uchowca w puszce
45 ml/3 łyżki oleju z orzeszków ziemnych
2,5 ml/¬Ω łyżeczki soli
15 ml/1 łyżka wina ryżowego lub wytrawnego sherry
3 dymki (szalotki), pokrojone w grube plasterki

Grzyby namoczyć w ciepłej wodzie na 30 minut, następnie odcedzić. Odrzucić łodygi i pokroić kapelusze. Odcedź i pokrój ucho, zachowując sok. Rozgrzej olej i smaż sól i grzyby przez 2 minuty. Dodaj płyn z uchowca i sherry, zagotuj, przykryj i gotuj na wolnym ogniu przez 3 minuty. Dodaj uchowca i dymkę i gotuj na wolnym ogniu, aż się rozgrzeje. Podawać na raz.

Abalone Z Sosem Ostrygowym

Służy 4

400 g uchowca w puszce

15 ml/1 łyżka mąki kukurydzianej (skrobi kukurydzianej)

15 ml/1 łyżka sosu sojowego

45 ml/3 łyżki sosu ostrygowego

30 ml/2 łyżki oleju z orzeszków ziemnych

50 g szynki wędzonej, posiekanej

Opróżnij puszkę uchowca i zachowaj 90 ml/6 łyżek płynu. Wymieszaj to z mąką kukurydzianą, sosem sojowym i sosem ostrygowym. Rozgrzej olej i smaż odsączonego uchowca przez 1 minutę. Dodaj mieszaninę sosu i gotuj na wolnym ogniu, mieszając, przez około 1 minutę, aż się rozgrzeje. Przełóż na ogrzany talerz i podawaj udekorowany szynką.

Małże na parze

Służy 4

24 małże

Małże dokładnie wyszoruj, następnie namocz je w osolonej wodzie na kilka godzin. Opłucz pod bieżącą wodą i ułóż na płytkim talerzu żaroodpornym. Ułożyć na kratce w naczyniu do gotowania na parze, przykryć i gotować na wolnym ogniu nad delikatnie gotującą się wodą przez około 10 minut, aż wszystkie małże się otworzą. Wyrzuć te, które pozostają zamknięte. Podawać z dipami.

Małże Z Kiełkami Fasoli

Służy 4

24 małże

15 ml/1 łyżka oleju z orzeszków ziemnych

150 g kiełków fasoli

1 zielona papryka, pokrojona w paski

2 cebule dymki (szalotki), posiekane

15 ml/1 łyżka wina ryżowego lub wytrawnego sherry

sól i świeżo zmielony pieprz

2,5 ml/¬Ω łyżeczki oleju sezamowego

50 g posiekanej szynki wędzonej

Małże dokładnie wyszoruj, następnie namocz je w osolonej wodzie na kilka godzin. Opłucz pod bieżącą wodą. W garnku zagotuj wodę, dodaj małże i gotuj na wolnym ogniu przez kilka minut, aż się otworzą. Odcedź i wyrzuć te, które pozostały zamknięte. Wyjmij małże ze skorupek.

Rozgrzej olej i smaż kiełki fasoli przez 1 minutę. Dodać paprykę i cebulę dymkę i smażyć mieszając przez 2 minuty. Dodać wino lub sherry i doprawić solą i pieprzem. Podgrzej, a następnie dodaj małże i mieszaj, aż dobrze się wymieszają i podgrzeją. Przełożyć na ogrzany talerz i podawać skropione olejem sezamowym i szynką.

Małże Z Imbirem i Czosnkiem

Służy 4

24 małże

15 ml/1 łyżka oleju z orzeszków ziemnych

2 plasterki korzenia imbiru, posiekane

2 ząbki czosnku, zmiażdżone

15ml/1 łyżka wody

5 ml/1 łyżeczka oleju sezamowego

sól i świeżo zmielony pieprz

Małże dokładnie wyszoruj, następnie namocz je w osolonej wodzie na kilka godzin. Opłucz pod bieżącą wodą. Rozgrzej olej i smaż imbir i czosnek przez 30 sekund. Dodaj małże, wodę i olej sezamowy, przykryj i gotuj przez około 5 minut, aż małże się otworzą. Wyrzuć te, które pozostają zamknięte. Dopraw lekko solą i pieprzem i od razu podawaj.

Smażone małże

Służy 4

24 małże

60 ml/4 łyżki oleju z orzeszków ziemnych

4 ząbki czosnku, posiekane

1 cebula, posiekana

2,5 ml/¬Ω łyżeczki soli

Małże dokładnie wyszoruj, następnie namocz je w osolonej wodzie na kilka godzin. Opłucz pod bieżącą wodą, a następnie osusz. Rozgrzej oliwę i podsmaż czosnek, cebulę i sól, aż zmiękną. Dodać małże, przykryć i gotować na małym ogniu przez około 5 minut, aż wszystkie muszle się otworzą. Wyrzuć te, które pozostają zamknięte. Smażyć delikatnie przez kolejną 1 minutę, polewając olejem.

Ciasteczka krabowe

Służy 4

225 g kiełków fasoli
60 ml/4 łyżki oleju z orzeszków ziemnych 100 g pędów bambusa, pokrojonych w paski
1 cebula, posiekana
225 g mięsa kraba w płatkach
4 jajka, lekko ubite
15 ml/1 łyżka mąki kukurydzianej (skrobi kukurydzianej)
30 ml/2 łyżki sosu sojowego
sól i świeżo zmielony pieprz

Kiełki fasoli blanszować we wrzącej wodzie przez 4 minuty, a następnie odcedzić. Rozgrzać połowę oleju i smażyć, mieszając, kiełki fasoli, pędy bambusa i cebulę, aż zmiękną. Zdjąć z ognia i wymieszać z pozostałymi składnikami oprócz oleju. Rozgrzej pozostały olej na czystej patelni i smaż łyżki mieszanki mięsa kraba, formując małe placuszki. Smażyć z obu stron do lekkiego zarumienienia i od razu podawać.

Krem Krabowy

Służy 4

225 g mięsa kraba
5 jajek, ubitych
1 cebula dymka (szczypiorek) drobno posiekana
250 ml/8 uncji/1 szklanka wody
5 ml/1 łyżeczka soli
5 ml/1 łyżeczka oleju sezamowego

Dobrze wymieszaj wszystkie składniki. Umieścić w misce, przykryć i ustawić na górze podwójnego bojlera nad gorącą wodą lub na stojaku do gotowania na parze. Gotuj na parze przez około

35 minut, aż uzyska konsystencję kremu, od czasu do czasu mieszając. Podawać z ryżem.

Mięso Kraba Z Chińskimi Liśćmi

Służy 4

450 g/1 funt liści chińskich, rozdrobnionych
45 ml/3 łyżki oleju roślinnego
2 cebule dymki (szalotki), posiekane
225 g mięsa kraba
15 ml/1 łyżka sosu sojowego
15 ml/1 łyżka wina ryżowego lub wytrawnego sherry
5 ml/1 łyżeczka soli

Liście chińskie blanszować we wrzącej wodzie przez 2 minuty, następnie dokładnie odcedzić i przepłukać w zimnej wodzie.

Rozgrzej olej i smaż cebulę dymkę, aż lekko się zarumieni. Dodaj mięso kraba i smaż mieszając przez 2 minuty. Dodaj liście chińskie i smaż mieszając przez 4 minuty. Dodaj sos sojowy, wino lub sherry i sól i dobrze wymieszaj. Dodać bulion i mąkę kukurydzianą, doprowadzić do wrzenia i gotować, mieszając, przez 2 minuty, aż sos się przejaśni i zgęstnieje.

Krab Foo Yung z kiełkami fasoli

Służy 4

6 jajek, ubitych
45 ml/3 łyżki mąki kukurydzianej (skrobi kukurydzianej)
225 g mięsa kraba
100 g kiełków fasoli
2 cebule dymki (szalotki), drobno posiekane
2,5 ml/¬Ω łyżeczki soli
45 ml/3 łyżki oleju z orzeszków ziemnych

Ubij jajka, a następnie dodaj mąkę kukurydzianą. Wymieszaj pozostałe składniki oprócz oleju. Rozgrzej olej i wlewaj po trochu mieszaninę na patelnię, formując małe naleśniki o średnicy około 7,5 cm. Smażymy do zarumienienia od spodu, następnie odwracamy i smażymy z drugiej strony.

Krab Z Imbirem

Służy 4

15 ml/1 łyżka oleju z orzeszków ziemnych
2 plasterki korzenia imbiru, posiekane
4 dymki (szalotki), posiekane
3 ząbki czosnku, zmiażdżone
1 czerwona papryczka chili, posiekana
350 g mięsa kraba w płatkach
2,5 ml/½ łyżeczki pasty rybnej
2,5 ml/½ łyżeczki oleju sezamowego
15 ml/1 łyżka wina ryżowego lub wytrawnego sherry
5 ml/1 łyżeczka mąki kukurydzianej (skrobi kukurydzianej)

15ml/1 łyżka wody

Rozgrzej olej i smaż imbir, dymkę, czosnek i chili przez 2 minuty. Dodaj mięso kraba i mieszaj, aż będzie dobrze pokryte przyprawami. Wymieszaj pastę rybną. Pozostałe składniki wymieszać na pastę, następnie wrzucić je na patelnię i smażyć przez 1 minutę, mieszając. Podawać na raz.

Krab Lo Mein

Służy 4

100 g kiełków fasoli
30 ml/2 łyżki oleju z orzeszków ziemnych
5 ml/1 łyżeczka soli
1 cebula, pokrojona w plasterki
100 g grzybów pokrojonych w plasterki
225 g mięsa kraba w płatkach
100 g pędów bambusa, pokrojonych w plasterki
Rzucany Makaron
30 ml/2 łyżki sosu sojowego
5 ml/1 łyżeczka cukru
5 ml/1 łyżeczka oleju sezamowego

sól i świeżo zmielony pieprz

Kiełki fasoli blanszować we wrzącej wodzie przez 5 minut, a następnie odcedzić. Rozgrzej olej i podsmaż sól i cebulę, aż zmiękną. Dodać grzyby i smażyć mieszając, aż zmiękną. Dodaj mięso kraba i smaż mieszając przez 2 minuty. Dodać kiełki fasoli i pędy bambusa i smażyć mieszając przez 1 minutę. Do odcedzonego makaronu dodać na patelnię i delikatnie wymieszać. Wymieszaj sos sojowy, cukier i olej sezamowy, dopraw solą i pieprzem. Mieszaj na patelni, aż się rozgrzeje.

Smażony Krab Z Wieprzowiną

Służy 4

30 ml/2 łyżki oleju z orzeszków ziemnych
100 g mielonej (mielonej) wieprzowiny
350 g mięsa kraba w płatkach
2 plasterki korzenia imbiru, posiekane
2 jajka, lekko ubite
15 ml/1 łyżka sosu sojowego
15 ml/1 łyżka wina ryżowego lub wytrawnego sherry
30ml/2 łyżki wody
sól i świeżo zmielony pieprz
4 dymki (szalotki), pokrojone w paski

Rozgrzej olej i smaż wieprzowinę, aż będzie lekko rumiana. Dodaj mięso kraba i imbir i smaż mieszając przez 1 minutę. Wmieszaj jajka. Dodać sos sojowy, wino lub sherry, wodę, sól i pieprz i dusić około 4 minuty, mieszając. Podawać udekorowane dymką.

Smażone Mięso Kraba

Służy 4

30 ml/2 łyżki oleju z orzeszków ziemnych
450 g/1 funt mięsa kraba w płatkach
2 cebule dymki (szalotki), posiekane
2 plasterki korzenia imbiru, posiekane
30 ml/2 łyżki sosu sojowego
30 ml/2 łyżki wina ryżowego lub wytrawnego sherry
2,5 ml/¬Ω łyżeczki soli
15 ml/1 łyżka mąki kukurydzianej (skrobi kukurydzianej)
60ml/4 łyżki wody

Rozgrzej olej i smaż mięso kraba, dymkę i imbir przez 1 minutę, mieszając. Dodaj sos sojowy, wino lub sherry i sól, przykryj i gotuj na wolnym ogniu przez 3 minuty. Mąkę kukurydzianą i wodę wymieszać na pastę, wlać na patelnię i dusić, mieszając, aż sos się przejaśni i zgęstnieje.

Smażone w głębokim tłuszczu kulki z mątwy

Służy 4

450 g/1 funt mątwy

50 g smalcu, puree

1 białko jaja

2,5 ml/¬Ω łyżeczki cukru

2,5 ml/¬Ω łyżeczki mąki kukurydzianej (skrobi kukurydzianej)

sól i świeżo zmielony pieprz

olej do głębokiego smażenia

Mątwę obierz i rozgnieć lub zmiksuj na miąższ. Wymieszać ze smalcem, białkiem, cukrem i mąką kukurydzianą, doprawić solą i pieprzem. Wciśnij mieszaninę w małe kulki. Rozgrzej olej i smaż kulki mątwy, jeśli to konieczne, partiami, aż wypłyną na wierzch oleju i staną się złotobrązowe. Dobrze odcedź i podawaj od razu.

Homar po kantońsku

Służy 4

2 homary

30 ml/2 łyżki oleju

15 ml/1 łyżka sosu z czarnej fasoli

1 ząbek czosnku, zmiażdżony

1 cebula, posiekana

225 g mielonej (mielonej) wieprzowiny

45 ml/3 łyżki sosu sojowego

5 ml/1 łyżeczka cukru

sól i świeżo zmielony pieprz

15 ml/1 łyżka mąki kukurydzianej (skrobi kukurydzianej)

75ml/5 łyżek wody

1 jajko, ubite

Homary rozłam, wyjmij mięso i pokrój je w kostkę o boku 2,5 cm. Rozgrzej olej i podsmaż sos z czarnej fasoli, czosnek i cebulę, aż się lekko zrumienią. Dodaj wieprzowinę i smaż, aż się zrumieni. Dodaj sos sojowy, cukier, sól, pieprz i homara, przykryj i gotuj na wolnym ogniu przez około 10 minut. Zmieszaj mąkę kukurydzianą z wodą na pastę, wlej ją na patelnię i gotuj na wolnym ogniu, mieszając, aż sos się przejaśni i zgęstnieje. Wyłącz ogień i przed podaniem dodaj jajko.

Homar smażony w głębokim tłuszczu

Służy 4

450 g/1 funt mięsa homara

30 ml/2 łyżki sosu sojowego

5 ml/1 łyżeczka cukru

1 jajko, ubite

30 ml/3 łyżki mąki zwykłej (uniwersalnej).

olej do głębokiego smażenia

Mięso homara pokroić w kostkę o boku 2,5 cm i wymieszać z sosem sojowym i cukrem. Odstawić na 15 minut, następnie odcedzić. Ubij jajko i mąkę, następnie dodaj homara i dobrze wymieszaj. Rozgrzej olej i smaż homara na złoty kolor. Przed podaniem odsączyć na papierze kuchennym.

Homar na parze z szynką

Służy 4

4 jajka, lekko ubite

60ml/4 łyżki wody

5 ml/1 łyżeczka soli

15 ml/1 łyżka sosu sojowego

450 g/1 funt mięsa homara w płatkach

15 ml/1 łyżka siekanej szynki wędzonej

15 ml/1 łyżka posiekanej świeżej natki pietruszki

Jajka ubić z wodą, solą i sosem sojowym. Przelać do żaroodpornej miski i posypać mięsem homara. Miskę postaw na kratce w naczyniu do gotowania na parze, przykryj i gotuj na parze przez 20 minut, aż jajka się zetną. Podawać udekorowane szynką i natką pietruszki.

Homar Z Pieczarkami

Służy 4

450 g/1 funt mięsa homara
15 ml/1 łyżka mąki kukurydzianej (skrobi kukurydzianej)
60ml/4 łyżki wody
30 ml/2 łyżki oleju z orzeszków ziemnych
4 dymki (szalotki), pokrojone w grube plasterki
100 g grzybów pokrojonych w plasterki
2,5 ml/¬Ω łyżeczki soli
1 ząbek czosnku, zmiażdżony
30 ml/2 łyżki sosu sojowego
15 ml/1 łyżka wina ryżowego lub wytrawnego sherry

Mięso homara pokroić w kostkę o boku 2,5 cm. Zmieszaj mąkę kukurydzianą i wodę na pastę i wrzuć kostki homara do mieszanki, aby ją pokryć. Rozgrzej połowę oleju i smaż kostki homara, aż lekko się zarumienią, zdejmij je z patelni. Rozgrzej pozostały olej i smaż cebulę dymkę, aż się lekko zrumieni. Dodać grzyby i smażyć mieszając przez 3 minuty. Dodać sól, czosnek, sos sojowy i wino lub sherry i smażyć mieszając przez 2 minuty. Włóż homara z powrotem na patelnię i smaż, mieszając, aż się rozgrzeje.

Ogony Homara Z Wieprzowiną

Służy 4

3 suszone grzyby chińskie
4 ogony homara
60 ml/4 łyżki oleju z orzeszków ziemnych
100 g mielonej (mielonej) wieprzowiny
50 g kasztanów wodnych, drobno posiekanych
sól i świeżo zmielony pieprz
2 ząbki czosnku, zmiażdżone
45 ml/3 łyżki sosu sojowego
30 ml/2 łyżki wina ryżowego lub wytrawnego sherry
30 ml/2 łyżki sosu z czarnej fasoli
10 ml/2 łyżki mąki kukurydzianej (skrobi kukurydzianej)
120 ml/4 uncji/¬Ω szklanki wody

Grzyby namoczyć w ciepłej wodzie na 30 minut, następnie odcedzić. Odrzucić łodygi i posiekać kapelusze. Przekrój ogony homara wzdłuż na pół. Usuń mięso z ogonów homara, zachowując muszle. Rozgrzej połowę oleju i smaż wieprzowinę, aż uzyska jasnozłoty kolor. Zdjąć z ognia i wymieszać z grzybami, mięsem homara, kasztanami wodnymi, solą i pieprzem. Wciśnij mięso z powrotem do muszli homara i ułóż na żaroodpornym talerzu. Ułożyć na kratce w naczyniu do gotowania na parze, przykryć i gotować na parze przez około 20 minut, aż będzie ugotowane. W międzyczasie rozgrzać pozostały olej i smażyć przez 2 minuty czosnek, sos sojowy, wino lub sherry i sos z czarnej fasoli. Mąkę kukurydzianą i wodę wymieszać na pastę, wlać na patelnię i dusić, mieszając, aż sos zgęstnieje. Ułóż homara na ogrzanym talerzu, polej sosem i od razu podawaj.

Smażony homar

Służy 4

450 g/1 funt ogonów homara
30 ml/2 łyżki oleju z orzeszków ziemnych
1 ząbek czosnku, zmiażdżony
2,5 ml/¬Ω łyżeczki soli

350 g kiełków fasoli

50 g pieczarek

4 dymki (szalotki), pokrojone w grube plasterki

150 ml/¬° pt./obfita ¬Ω filiżanka bulionu z kurczaka

15 ml/1 łyżka mąki kukurydzianej (skrobi kukurydzianej)

Zagotuj wodę w rondlu, dodaj ogony homara i gotuj przez 1 minutę. Odcedź, ostudź, usuń skorupkę i pokrój w grube plastry. Rozgrzej oliwę z czosnkiem i solą i smaż, aż czosnek się lekko zrumieni. Dodaj homara i smaż mieszając przez 1 minutę. Dodać kiełki fasoli i grzyby i smażyć mieszając przez 1 minutę. Wymieszaj cebulę dymkę. Dodać większość bulionu, doprowadzić do wrzenia, przykryć i dusić przez 3 minuty. Mąkę kukurydzianą wymieszać z pozostałym bulionem, wlać na patelnię i dusić, mieszając, aż sos się klaruje i zgęstnieje.

Gniazda Homarów

Służy 4

30 ml/2 łyżki oleju z orzeszków ziemnych

5 ml/1 łyżeczka soli

1 cebula, pokrojona w cienkie plasterki

100 g grzybów pokrojonych w plasterki

100 g pędów bambusa, pokrojonych w plasterki 225 g

gotowanego mięsa homara

15 ml/1 łyżka wina ryżowego lub wytrawnego sherry

120 ml/4 uncji/szklanka bulionu z kurczaka

szczypta świeżo zmielonego pieprzu

10 ml/2 łyżeczki mąki kukurydzianej (skrobi kukurydzianej)

15ml/1 łyżka wody

4 koszyczki z makaronem

Rozgrzej olej i podsmaż sól i cebulę, aż zmiękną. Dodać grzyby i pędy bambusa i smażyć mieszając przez 2 minuty. Dodać mięso homara, wino lub sherry i bulion, doprowadzić do wrzenia, przykryć i gotować na wolnym ogniu przez 2 minuty. Doprawić pieprzem. Mąkę kukurydzianą i wodę wymieszać na pastę, wlać na patelnię i dusić, mieszając, aż sos zgęstnieje. Ułóż gniazda makaronu na podgrzanym talerzu i posyp smażonym homarem.

Małże w sosie z czarnej fasoli

Służy 4

45 ml/3 łyżki oleju z orzeszków ziemnych
2 ząbki czosnku, zmiażdżone
2 plasterki korzenia imbiru, posiekane
30 ml/2 łyżki sosu z czarnej fasoli
15 ml/1 łyżka sosu sojowego
Małże o wadze 1,5 kg / 3 funty, wyszorowane i brodate
2 cebule dymki (szalotki), posiekane

Rozgrzej olej i smaż czosnek i imbir przez 30 sekund. Dodaj sos z czarnej fasoli i sos sojowy i smaż przez 10 sekund. Dodaj małże, przykryj i gotuj przez około 6 minut, aż małże się otworzą. Wyrzuć te, które pozostają zamknięte. Przełóż na ogrzany półmisek i podawaj posypany dymką.

Małże Z Imbirem

Służy 4

45 ml/3 łyżki oleju z orzeszków ziemnych
2 ząbki czosnku, zmiażdżone
4 plasterki korzenia imbiru, posiekane
Małże o wadze 1,5 kg / 3 funty, wyszorowane i brodate
45ml/3 łyżki wody
15 ml/1 łyżka sosu ostrygowego

Rozgrzej olej i smaż czosnek i imbir przez 30 sekund. Dodać małże i wodę, przykryć i gotować około 6 minut, aż małże się otworzą. Wyrzuć te, które pozostają zamknięte. Przełożyć na ogrzany półmisek i podawać polane sosem ostrygowym.

Małże na parze

Służy 4

Małże o wadze 1,5 kg / 3 funty, wyszorowane i brodate
45 ml/3 łyżki sosu sojowego
3 dymki (szalotki), drobno posiekane

Małże ułożyć na ruszcie w naczyniu do gotowania na parze, przykryć i gotować na parze nad wrzącą wodą przez około 10 minut, aż wszystkie małże się otworzą. Wyrzuć te, które pozostają zamknięte. Przełożyć na ogrzany półmisek i podawać posypane sosem sojowym i dymką.

Smażone Ostrygi

Służy 4

24 ostrygi w łupinach
sól i świeżo zmielony pieprz
1 jajko, ubite
50 g/2 uncje/¬Ω szklanki zwykłej (uniwersalnej) mąki
250 ml/8 uncji/1 szklanka wody
olej do głębokiego smażenia
4 dymki (szalotki), posiekane

Ostrygi posypać solą i pieprzem. Jajko z mąką i wodą ubić na puszystą masę i posmarować ostrygi. Rozgrzej olej i smaż ostrygi na głębokim tłuszczu, aż uzyskają złoty kolor. Odsączyć na papierze kuchennym i podawać udekorowane dymką.

Ostrygi Z Boczkiem

Służy 4

175 g boczku
24 ostrygi w łupinach
1 jajko, lekko ubite
15ml/1 łyżka wody
45 ml/3 łyżki oleju z orzeszków ziemnych
2 cebule, posiekane
15 ml/1 łyżka mąki kukurydzianej (skrobi kukurydzianej)
15 ml/1 łyżka sosu sojowego
90 ml/6 łyżek bulionu z kurczaka

Boczek pokroić na kawałki i owinąć po jednym kawałku każdą ostrygę. Ubij jajko wodą, a następnie zanurz w nim ostrygi, aby je pokryły. Rozgrzać połowę oleju i smażyć ostrygi z obu stron do lekkiego zarumienienia, następnie zdjąć je z patelni i odsączyć z tłuszczu. Rozgrzać pozostały olej i smażyć cebulę, aż zmięknie. Mąkę kukurydzianą, sos sojowy i bulion wymieszać na pastę, wlać na patelnię i dusić, mieszając, aż sos się przejaśni i zgęstnieje. Polać ostrygami i od razu podawać.

Smażone Ostrygi Z Imbirem

Służy 4

24 ostrygi w łupinach
2 plasterki korzenia imbiru, posiekane
30 ml/2 łyżki sosu sojowego
15 ml/1 łyżka wina ryżowego lub wytrawnego sherry
4 dymki (szalotki), pokrojone w paski
100 g boczku
1 jajko
50 g/2 uncje/¬Ω szklanki zwykłej (uniwersalnej) mąki
sól i świeżo zmielony pieprz
olej do głębokiego smażenia
1 cytryna, pokrojona w ósemki

Umieść ostrygi w misce z imbirem, sosem sojowym i winem lub sherry i dobrze wymieszaj, aby je pokryły. Pozostawić na 30 minut. Na każdej ostrydze ułóż kilka pasków szczypiorku. Boczek pokroić na kawałki i owinąć wokół każdej ostrygi. Jajko i mąkę ubić na puszystą masę, doprawić solą i pieprzem. Zanurzaj ostrygi w cieście, aż będą dobrze pokryte. Rozgrzej olej i smaż ostrygi na głębokim tłuszczu, aż uzyskają złoty kolor. Podawać udekorowane cząstkami cytryny.

Ostrygi Z Sosem Z Czarnej Fasoli

Służy 4

350 g ostryg w łupinach
120 ml/4 uncji/¬Ω szklanki oleju z orzeszków ziemnych
2 ząbki czosnku, zmiażdżone
3 cebule dymki (szalotki), pokrojone w plasterki
15 ml/1 łyżka sosu z czarnej fasoli
30 ml/2 łyżki ciemnego sosu sojowego
15 ml/1 łyżka oleju sezamowego
szczypta chilli w proszku

Blanszuj ostrygi we wrzącej wodzie przez 30 sekund, a następnie odcedź. Rozgrzej olej i smaż czosnek i cebulę przez 30 sekund. Dodaj sos z czarnej fasoli, sos sojowy, olej sezamowy i ostrygi i dopraw do smaku chili w proszku. Smażymy, aż się zarumieni i od razu podajemy.

Przegrzebki Z Pędami Bambusa

Służy 4

60 ml/4 łyżki oleju z orzeszków ziemnych
6 cebul dymki (szalotki), posiekanych
225 g grzybów pokrojonych w ćwiartki
15 ml/1 łyżka cukru
450 g/1 funt przegrzebków w łupinach
2 plasterki korzenia imbiru, posiekane
225 g pędów bambusa, pokrojonych w plasterki
sól i świeżo zmielony pieprz
300 ml/¬Ω pt/1 ¬° szklanki wody
30 ml/2 łyżki octu winnego
30 ml/2 łyżki mąki kukurydzianej (skrobi kukurydzianej)
150 ml/¬°pt/duża ¬Ω filiżanka wody
45 ml/3 łyżki sosu sojowego

Rozgrzej olej i smaż cebulę i grzyby przez 2 minuty. Dodać cukier, przegrzebki, imbir, pędy bambusa, sól i pieprz, przykryć i gotować przez 5 minut. Dodać wodę i ocet winny, doprowadzić do wrzenia, przykryć i gotować na wolnym ogniu przez 5 minut. Mąkę kukurydzianą i wodę zmiksować na pastę, wlać na patelnię i dusić, mieszając, aż sos zgęstnieje. Dopraw sosem sojowym i podawaj.

Przegrzebki Z Jajkiem

Służy 4

45 ml/3 łyżki oleju z orzeszków ziemnych
350 g przegrzebków łuskanych
25 g posiekanej szynki wędzonej
30 ml/2 łyżki wina ryżowego lub wytrawnego sherry
5 ml/1 łyżeczka cukru
2,5 ml/½ łyżeczki soli
szczypta świeżo zmielonego pieprzu
2 jajka, lekko ubite
15 ml/1 łyżka sosu sojowego

Rozgrzej olej i smaż przegrzebki przez 30 sekund, mieszając. Dodać szynkę i smażyć mieszając przez 1 minutę. Dodać wino lub sherry, cukier, sól i pieprz i smażyć mieszając przez 1 minutę. Dodaj jajka i delikatnie mieszaj na dużym ogniu, aż składniki dobrze pokryją się jajkiem. Podawać skropione sosem sojowym.

Przegrzebki Z Brokułami

Służy 4

350 g przegrzebków pokrojonych w plasterki

3 plasterki korzenia imbiru, posiekane

¬Ω mała marchewka, pokrojona w plasterki

1 ząbek czosnku, zmiażdżony

45 ml/3 łyżki mąki zwykłej (uniwersalnej).

2,5 ml/¬Ω łyżeczki sody oczyszczonej (sody oczyszczonej)

30 ml/2 łyżki oleju z orzeszków ziemnych

15ml/1 łyżka wody

1 banan, pokrojony w plasterki

olej do głębokiego smażenia

275 g brokułów

sól

5 ml/1 łyżeczka oleju sezamowego

2,5 ml/¬Ω łyżeczki sosu chili

2,5 ml/¬Ω łyżeczki octu winnego

2,5 ml/¬Ω łyżeczki przecieru pomidorowego (pasta)

Wymieszać przegrzebki z imbirem, marchewką i czosnkiem i odstawić. Wymieszaj mąkę, sodę oczyszczoną, 15 ml/ 1 łyżkę oleju i wodę na pastę, którą posmaruj plasterki banana. Rozgrzać olej i smażyć banana na złoty kolor, następnie odcedzić i ułożyć wokół ogrzanego talerza. W międzyczasie ugotuj brokuły we wrzącej, osolonej wodzie, aż będą miękkie, a następnie odcedź. Rozgrzej pozostały olej z olejem sezamowym i krótko podsmaż brokuły, a następnie ułóż je na talerzu z bananami. Dodaj sos chili, ocet winny i przecier pomidorowy na patelnię i smaż przegrzebki, aż będą ugotowane. Nałóż łyżką na talerz i od razu podawaj.

Przegrzebki Z Imbirem

Służy 4

45 ml/3 łyżki oleju z orzeszków ziemnych

2,5 ml/¬Ω łyżeczki soli

3 plasterki korzenia imbiru, posiekane

2 cebule dymki (szalotki), pokrojone w grube plasterki

450 g przegrzebków w łupinach, przekrojonych na połówki

15 ml/1 łyżka mąki kukurydzianej (skrobi kukurydzianej)

60ml/4 łyżki wody

Rozgrzej olej i smaż sól i imbir przez 30 sekund. Dodaj cebulę dymkę i smaż mieszając, aż lekko się zrumieni. Dodaj przegrzebki i smaż mieszając przez 3 minuty. Mąkę kukurydzianą i wodę wymieszać na pastę, dodać na patelnię i dusić, mieszając, aż zgęstnieje. Podawać na raz.

Przegrzebki Z Szynką

Służy 4

450 g przegrzebków w łupinach, przekrojonych na połówki
250 ml/8 uncji/1 szklanka wina ryżowego lub wytrawnego sherry
1 cebula, drobno posiekana
2 plasterki korzenia imbiru, posiekane
2,5 ml/¬Ω łyżeczki soli
100 g wędzonej szynki, posiekanej

Włóż przegrzebki do miski i dodaj wino lub sherry. Przykryć i pozostawić do marynowania na 30 minut, od czasu do czasu obracając, następnie odcedzić przegrzebki i wyrzucić marynatę. Przegrzebki ułożyć w naczyniu żaroodpornym wraz z pozostałymi składnikami. Umieścić naczynie na stojaku w naczyniu do gotowania na parze, przykryć i gotować na parze nad wrzącą wodą przez około 6 minut, aż przegrzebki będą miękkie.

Mieszanka Przegrzebków Z Ziołami

Służy 4

225 g przegrzebków łuskanych
30 ml/2 łyżki posiekanej świeżej kolendry
4 jajka, ubite
15 ml/1 łyżka wina ryżowego lub wytrawnego sherry
sól i świeżo zmielony pieprz
15 ml/1 łyżka oleju z orzeszków ziemnych

Włóż przegrzebki do naczynia do gotowania na parze i gotuj na parze przez około 3 minuty, aż będą ugotowane, w zależności od wielkości. Wyjąć z naczynia do gotowania na parze i posypać kolendrą. Jajka ubić z winem lub sherry i doprawić do smaku solą i pieprzem. Wymieszaj przegrzebki i kolendrę. Rozgrzej olej i smaż mieszankę jajek i przegrzebków, ciągle mieszając, aż jajka się zetną. Natychmiast podawaj.

Smażona przegrzebka i cebula

Służy 4

45 ml/3 łyżki oleju z orzeszków ziemnych
1 cebula, pokrojona w plasterki
450 g przegrzebków łuskanych, pokrojonych w ćwiartki
sól i świeżo zmielony pieprz
15 ml/1 łyżka wina ryżowego lub wytrawnego sherry

Rozgrzej olej i smaż cebulę, aż zmięknie. Dodaj przegrzebki i smaż mieszając, aż lekko się zarumienią. Doprawiamy solą i pieprzem, posypujemy winem lub sherry i od razu podajemy.

Przegrzebki Z Warzywami

Porcja dla 4–6

4 suszone grzyby chińskie

2 cebule

30 ml/2 łyżki oleju z orzeszków ziemnych

3 łodygi selera, pokrojone ukośnie

225 g fasolki szparagowej, pokrojonej ukośnie

10 ml/2 łyżeczki startego korzenia imbiru

1 ząbek czosnku, zmiażdżony

20 ml/4 łyżeczki mąki kukurydzianej (skrobi kukurydzianej)

250 ml/8 uncji uncji/1 szklanka bulionu z kurczaka

30 ml/2 łyżki wina ryżowego lub wytrawnego sherry

30 ml/2 łyżki sosu sojowego

450 g przegrzebków łuskanych, pokrojonych w ćwiartki

6 dymek (szalotek), pokrojonych w plasterki

Kolby kukurydzy w puszkach o wadze 425 g/15 uncji

Grzyby namoczyć w ciepłej wodzie na 30 minut, następnie odcedzić. Odrzucić łodygi i pokroić kapelusze. Cebulę pokroić w krążki i rozdzielić warstwy. Rozgrzej olej i smaż cebulę, seler, fasolę, imbir i czosnek przez 3 minuty. Zmieszaj mąkę kukurydzianą z odrobiną bulionu, następnie dodaj pozostały bulion, wino lub sherry i sos sojowy. Dodać do woka i doprowadzić do wrzenia, mieszając. Dodaj grzyby, przegrzebki, dymkę i kukurydzę i smaż mieszając przez około 5 minut, aż przegrzebki będą miękkie.

Przegrzebki Z Papryką

Służy 4

30 ml/2 łyżki oleju z orzeszków ziemnych
3 cebule dymki (szalotki), posiekane
1 ząbek czosnku, zmiażdżony
2 plasterki korzenia imbiru, posiekane
2 czerwone papryki, pokrojone w kostkę
450 g/1 funt przegrzebków w łupinach
30 ml/2 łyżki wina ryżowego lub wytrawnego sherry
15 ml/1 łyżka sosu sojowego
15 ml/1 łyżka sosu z żółtej fasoli
5 ml/1 łyżeczka cukru
5 ml/1 łyżeczka oleju sezamowego

Rozgrzej olej i smaż cebulę dymkę, czosnek i imbir przez 30 sekund. Dodać paprykę i smażyć mieszając przez 1 minutę. Dodaj przegrzebki i smaż przez 30 sekund, następnie dodaj pozostałe składniki i smaż przez około 3 minuty, aż przegrzebki będą miękkie.

Kalmary Z Kiełkami Fasoli

Służy 4

450 g/1 funt kalmarów
30 ml/2 łyżki oleju z orzeszków ziemnych
15 ml/1 łyżka wina ryżowego lub wytrawnego sherry
100 g kiełków fasoli
15 ml/1 łyżka sosu sojowego
sól
1 czerwona papryczka chilli, posiekana
2 plasterki korzenia imbiru, posiekane
2 cebule dymki (szalotki), posiekane

Usuń głowę, wnętrzności i błonę z kałamarnicy i pokrój ją na duże kawałki. Na każdym kawałku wytnij wzór w kształcie krzyża. Zagotuj wodę w rondlu, dodaj kalmary i gotuj na wolnym ogniu, aż kawałki się zwiną, a następnie wyjmij i odcedź. Rozgrzej połowę oleju i szybko podsmaż kalmary. Posyp winem lub sherry. W międzyczasie rozgrzej pozostały olej i smaż kiełki fasoli, aż będą miękkie. Doprawić sosem sojowym i solą. Ułóż papryczkę chili, imbir i dymkę wokół talerza. Na środku ułóż kiełki fasoli, a na wierzch ułóż kalmary. Podawać na raz.

Smażona Kalmary

Służy 4

50 g mąki zwykłej (uniwersalnej).
25 g/1 uncja/¬ filiżanka mąki kukurydzianej (skrobi kukurydzianej)
2,5 ml/¬Ω łyżeczki proszku do pieczenia
2,5 ml/¬Ω łyżeczki soli
1 jajko
75ml/5 łyżek wody

15 ml/1 łyżka oleju z orzeszków ziemnych

450 g kalmarów pokrojonych w krążki

olej do głębokiego smażenia

Z mąki, mąki kukurydzianej, proszku do pieczenia, soli, jajka, wody i oleju wyrobić ciasto. Zanurzaj kalmary w cieście, aż będą dobrze pokryte. Rozgrzej olej i smaż w głębokim tłuszczu po kilka kawałków kalmarów, aż uzyskasz złoty kolor. Przed podaniem odsączyć na papierze kuchennym.

Paczki Kałamarnic

Służy 4

8 suszonych grzybów chińskich

450 g/1 funt kalmarów

100 g szynki wędzonej

100 g tofu

1 jajko, ubite

15 ml/1 łyżka mąki zwykłej (uniwersalnej).

2,5 ml/¬Ω łyżeczki cukru

2,5 ml/¬Ω łyżeczki oleju sezamowego

sól i świeżo zmielony pieprz

8 skórek wontonów

olej do głębokiego smażenia

Grzyby namoczyć w ciepłej wodzie na 30 minut, następnie odcedzić. Odrzuć łodygi. Obierz kalmary i pokrój je na 8 części. Szynkę i tofu pokroić na 8 kawałków. Umieść je wszystkie w misce. Jajko wymieszaj z mąką, cukrem, olejem sezamowym, solą i pieprzem. Wlać składniki do miski i delikatnie wymieszać. Ułóż kapelusz grzybowy i kawałek kalmara, szynki i tofu tuż pod środkiem każdej skórki wonton. Zawiń dolny róg, zagnij boki i zwiń, zwilżając brzegi wodą, aby je uszczelnić. Rozgrzej olej i smaż paczki przez około 8 minut, aż uzyskają złoty kolor. Dobrze odcedź przed podaniem.

Smażone Roladki Z Kalmarów

Służy 4

45 ml/3 łyżki oleju z orzeszków ziemnych

225 g krążków kalmarów

1 duża zielona papryka, pokrojona w kawałki

100 g pędów bambusa, pokrojonych w plasterki

2 cebule dymki (szalotki), drobno posiekane

1 plasterek korzenia imbiru, drobno posiekany

45 ml/2 łyżki sosu sojowego

30 ml/2 łyżki wina ryżowego lub wytrawnego sherry

15 ml/1 łyżka mąki kukurydzianej (skrobi kukurydzianej)

15 ml/1 łyżka bulionu rybnego lub wody

5 ml/1 łyżeczka cukru

5 ml/1 łyżeczka octu winnego

5 ml/1 łyżeczka oleju sezamowego

sól i świeżo zmielony pieprz

Rozgrzej 15 ml/1 łyżkę oleju i szybko usmaż krążki kalmarów, aż będą całkowicie zamknięte. W międzyczasie na osobnej patelni rozgrzej pozostały olej i smaż przez 2 minuty, mieszając, paprykę, pędy bambusa, dymkę i imbir. Dodaj kalmary i smaż mieszając przez 1 minutę. Wymieszaj sos sojowy, wino lub sherry, mąkę kukurydzianą, bulion, cukier, ocet winny i olej sezamowy, dopraw solą i pieprzem. Smażyć, aż sos się klaruje i zgęstnieje.

Smażona kałamarnica

Służy 4

45 ml/3 łyżki oleju z orzeszków ziemnych
3 dymki (szalotki), pokrojone w grube plasterki
2 plasterki korzenia imbiru, posiekane
450 g kalmarów pokrojonych na kawałki
15 ml/1 łyżka sosu sojowego
15 ml/1 łyżka wina ryżowego lub wytrawnego sherry
5 ml/1 łyżeczka mąki kukurydzianej (skrobi kukurydzianej)
15ml/1 łyżka wody

Rozgrzej olej i smaż cebulę dymkę i imbir, aż zmiękną. Dodaj kalmary i smaż mieszając, aż pokryją się olejem. Dodaj sos sojowy i wino lub sherry, przykryj i gotuj na wolnym ogniu przez 2 minuty. Mąkę kukurydzianą i wodę wymieszaj na pastę, dodaj na patelnię i gotuj na wolnym ogniu, mieszając, aż sos zgęstnieje, a kalmary będą miękkie.

Kalmary Z Suszonymi Grzybami

Służy 4

50 g suszonych grzybów chińskich
450 g/1 funt krążków kalmarów
45 ml/3 łyżki oleju z orzeszków ziemnych
45 ml/3 łyżki sosu sojowego
2 cebule dymki (szalotki), drobno posiekane
1 plasterek korzenia imbiru, posiekany
225 g pędów bambusa pokrojonych w paski
30 ml/2 łyżki mąki kukurydzianej (skrobi kukurydzianej)
150 ml/¬° pt/obfity ¬Ω kubek bulionu rybnego

Grzyby namoczyć w ciepłej wodzie na 30 minut, następnie odcedzić. Odrzuć łodygi i pokrój kapelusze. Blanszuj krążki kalmarów przez kilka sekund we wrzącej wodzie. Rozgrzej olej, dodaj grzyby, sos sojowy, dymkę i imbir i smaż przez 2 minuty, mieszając. Dodaj kalmary i pędy bambusa i smaż mieszając przez 2 minuty. Wymieszaj mąkę kukurydzianą z bulionem i wlej na patelnię. Gotuj, mieszając, aż sos się klaruje i zgęstnieje.

Kalmary Z Warzywami

Służy 4

45 ml/3 łyżki oleju z orzeszków ziemnych
1 cebula, pokrojona w plasterki
5 ml/1 łyżeczka soli
450 g kalmarów pokrojonych na kawałki
100 g pędów bambusa, pokrojonych w plasterki
2 łodygi selera, pokrojone ukośnie
60 ml/4 łyżki bulionu z kurczaka
5 ml/1 łyżeczka cukru
100 g/4 uncje mangetout (groszek śnieżny)
5 ml/ 1 łyżeczka mąki kukurydzianej (skrobi kukurydzianej)
15ml/1 łyżka wody

Rozgrzej olej i podsmaż cebulę i sól, aż lekko się zarumienią. Dodaj kalmary i smaż, aż pokryją się olejem. Dodaj pędy bambusa i seler i smaż mieszając przez 3 minuty. Dodaj bulion i cukier, zagotuj, przykryj i gotuj na wolnym ogniu przez 3 minuty, aż warzywa będą miękkie. Wymieszaj mangetout. Mąkę kukurydzianą i wodę wymieszać na pastę, wlać na patelnię i dusić, mieszając, aż sos zgęstnieje.

Duszona Wołowina Anyżowa

Służy 4

30 ml/2 łyżki oleju z orzeszków ziemnych
Stek z karkówki o wadze 450 g/1 funt
1 ząbek czosnku, zmiażdżony
45 ml/3 łyżki sosu sojowego
15ml/1 łyżka wody
15 ml/1 łyżka wina ryżowego lub wytrawnego sherry
5 ml/1 łyżeczka soli
5 ml/1 łyżeczka cukru
2 ząbki anyżu gwiazdkowatego

Rozgrzej olej i smaż wołowinę, aż będzie rumiana ze wszystkich stron. Dodać pozostałe składniki, doprowadzić do wrzenia, przykryć i dusić na wolnym ogniu przez około 45 minut, następnie obrócić mięso na drugą stronę, dodając trochę więcej wody i sosu sojowego, jeśli mięso jest suche. Gotuj przez kolejne 45 minut, aż mięso będzie miękkie. Przed podaniem wyrzuć anyż gwiazdkowaty.

Wołowina Ze Szparagami

Służy 4

450 g/1 funt steku rumsztynowego, pokrojonego w kostkę
30 ml/2 łyżki sosu sojowego
30 ml/2 łyżki wina ryżowego lub wytrawnego sherry
45 ml/3 łyżki mąki kukurydzianej (skrobi kukurydzianej)
45 ml/3 łyżki oleju z orzeszków ziemnych
5 ml/1 łyżeczka soli
1 ząbek czosnku, zmiażdżony
350 g końcówek szparagów
120 ml/4 uncji/szklanka bulionu z kurczaka
15 ml/1 łyżka sosu sojowego

Umieść stek w misce. Wymieszaj sos sojowy, wino lub sherry i 30 ml/2 łyżki mąki kukurydzianej, polej stek i dobrze wymieszaj. Pozostawić do marynowania na 30 minut. Rozgrzej oliwę z solą i czosnkiem i smaż, aż czosnek się lekko zrumieni. Dodać mięso i marynatę, smażyć mieszając przez 4 minuty. Dodać szparagi i delikatnie smażyć mieszając przez 2 minuty. Dodać bulion i sos sojowy, doprowadzić do wrzenia i gotować na wolnym ogniu, mieszając, przez 3 minuty, aż mięso będzie ugotowane. Pozostałą mąkę kukurydzianą wymieszaj z odrobiną wody lub bulionu i dodaj do sosu. Gotuj, mieszając, przez kilka minut, aż sos się przejaśni i zgęstnieje.

Wołowina z Pędami Bambusa

Służy 4

45 ml/3 łyżki oleju z orzeszków ziemnych
1 ząbek czosnku, zmiażdżony
1 cebula dymka (szczypiorek), posiekana
1 plasterek korzenia imbiru, posiekany
225 g chudej wołowiny pokrojonej w paski
100 g pędów bambusa
45 ml/3 łyżki sosu sojowego
15 ml/1 łyżka wina ryżowego lub wytrawnego sherry
5 ml/1 łyżeczka mąki kukurydzianej (skrobi kukurydzianej)

Rozgrzej oliwę i podsmaż czosnek, cebulę dymkę i imbir, aż lekko się zarumienią. Dodać wołowinę i smażyć mieszając przez 4 minuty, aż się lekko zarumieni. Dodaj pędy bambusa i smaż mieszając przez 3 minuty. Dodaj sos sojowy, wino lub sherry i mąkę kukurydzianą i smaż mieszając przez 4 minuty.

Wołowina z pędami bambusa i grzybami

Służy 4

225 g chudej wołowiny
45 ml/3 łyżki oleju z orzeszków ziemnych
1 plasterek korzenia imbiru, posiekany
100 g pędów bambusa, pokrojonych w plasterki
100 g grzybów pokrojonych w plasterki
45 ml/3 łyżki wina ryżowego lub wytrawnego sherry
5 ml/1 łyżeczka cukru
10 ml/2 łyżeczki sosu sojowego
sól i pieprz
120 ml/4 uncji/¬Ω szklanki bulionu wołowego
15 ml/1 łyżka mąki kukurydzianej (skrobi kukurydzianej)
30ml/2 łyżki wody

Wołowinę pokroić cienko wzdłuż włókien. Rozgrzej olej i smaż imbir przez kilka sekund, mieszając. Dodaj wołowinę i smaż, aż się zrumieni. Dodaj pędy bambusa i grzyby i smaż mieszając przez 1 minutę. Dodać wino lub sherry, cukier i sos sojowy, doprawić solą i pieprzem. Wlać bulion, doprowadzić do wrzenia, przykryć i dusić przez 3 minuty. Mąkę kukurydzianą wymieszać z wodą, wsypać na patelnię i dusić, mieszając, aż sos zgęstnieje.

Chińska duszona wołowina

Służy 4

45 ml/3 łyżki oleju z orzeszków ziemnych
Stek z karkówki o wadze 900 g
1 cebula dymka (szalotka), pokrojona w plasterki
1 ząbek czosnku, posiekany
1 plasterek korzenia imbiru, posiekany
60 ml/4 łyżki sosu sojowego
30 ml/2 łyżki wina ryżowego lub wytrawnego sherry
5 ml/1 łyżeczka cukru
5 ml/1 łyżeczka soli
szczypta pieprzu
750 ml/1-stopień/3 szklanki wrzącej wody

Rozgrzej olej i szybko obsmaż wołowinę ze wszystkich stron. Dodać szczypiorek, czosnek, imbir, sos sojowy, wino lub sherry, cukier, sól i pieprz. Doprowadzić do wrzenia, mieszając. Dodać wrzącą wodę, ponownie zagotować, mieszając, następnie przykryć i dusić na wolnym ogniu przez około 2 godziny, aż wołowina będzie miękka.

Wołowina z Kiełkami Fasoli

Służy 4

450 g/1 funt chudej wołowiny, pokrojonej w plasterki
1 białko jaja
30 ml/2 łyżki oleju z orzeszków ziemnych
15 ml/1 łyżka mąki kukurydzianej (skrobi kukurydzianej)
15 ml/1 łyżka sosu sojowego
100 g kiełków fasoli
25 g kiszonej kapusty, posiekanej
1 czerwona papryczka chilli, posiekana
2 cebule dymki (szalotki), posiekane
2 plasterki korzenia imbiru, posiekane
sól
5 ml/1 łyżeczka sosu ostrygowego
5 ml/1 łyżeczka oleju sezamowego

Wołowinę wymieszać z białkiem, połową oleju, mąką kukurydzianą i sosem sojowym i odstawić na 30 minut. Kiełki fasoli blanszować we wrzącej wodzie przez około 8 minut, aż będą prawie miękkie, a następnie odcedzić. Rozgrzej pozostały olej i podsmaż wołowinę, aż się lekko zarumieni, a następnie zdejmij z patelni. Dodać kapustę kiszoną, papryczkę chilli, imbir, sól, sos ostrygowy i olej sezamowy, smażyć 2 minuty, mieszając.

Dodać kiełki fasoli i smażyć mieszając przez 2 minuty. Wołowinę włóż z powrotem na patelnię i smaż, aż dobrze się wymiesza i podgrzeje. Podawać na raz.

Wołowina z brokułami

Służy 4

Stek rumsztykowy o wadze 450 g/1 funt, pokrojony w cienkie plasterki
30 ml/2 łyżki mąki kukurydzianej (skrobi kukurydzianej)
15 ml/1 łyżka wina ryżowego lub wytrawnego sherry
15 ml/1 łyżka sosu sojowego
30 ml/2 łyżki oleju z orzeszków ziemnych
5 ml/1 łyżeczka soli
1 ząbek czosnku, zmiażdżony
225 g różyczek brokułów
150 ml/¬° pt/obfita ¬Ω filiżanka bulionu wołowego

Umieść stek w misce. Wymieszać 15 ml/1 łyżkę mąki kukurydzianej z winem lub sherry i sosem sojowym, wymieszać z mięsem i pozostawić do zamarynowania na 30 minut. Rozgrzej oliwę z solą i czosnkiem i smaż, aż czosnek się lekko zrumieni. Dodaj stek i marynatę i smaż mieszając przez 4 minuty. Dodać brokuły i smażyć mieszając przez 3 minuty. Dodać bulion, doprowadzić do wrzenia, przykryć i dusić przez 5 minut, aż brokuły będą miękkie, ale nadal chrupiące. Pozostałą mąkę kukurydzianą wymieszać z odrobiną wody i dodać do sosu. Gotuj, mieszając, aż sos się klaruje i zgęstnieje.

Sezamowa Wołowina Z Brokułami

Służy 4

150 g chudej wołowiny, pokrojonej w cienkie plasterki
2,5 ml/¬Ω łyżeczki sosu ostrygowego
5 ml/1 łyżeczka mąki kukurydzianej (skrobi kukurydzianej)
5 ml/1 łyżeczka białego octu winnego
60 ml/4 łyżki oleju z orzeszków ziemnych
100 g różyczek brokułów
5 ml/1 łyżeczka sosu rybnego
2,5 ml/¬Ω łyżeczki sosu sojowego

250 ml/8 uncji uncji/1 szklanka bulionu wołowego

30 ml/2 łyżki nasion sezamu

Zamarynuj wołowinę w sosie ostrygowym, 2,5 ml/¬Ω łyżeczki mąki kukurydzianej, 2,5 ml/¬Ω łyżeczki octu winnego i 15 ml/1 łyżkę oleju przez 1 godzinę.

W międzyczasie podgrzej 15 ml/1 łyżkę oleju, dodaj brokuły, 2,5 ml/¬Ω łyżeczki sosu rybnego, sos sojowy i pozostały ocet winny i zalej wrzątkiem. Gotuj przez około 10 minut, aż będzie po prostu miękki.

Na osobnej patelni rozgrzej 30 ml/2 łyżki oleju i krótko podsmaż wołowinę, aż będzie szczelna. Dodać bulion, pozostałą mąkę kukurydzianą i sos rybny, doprowadzić do wrzenia, przykryć i dusić około 10 minut, aż mięso będzie miękkie. Odcedź brokuły i ułóż je na podgrzanym talerzu. Na wierzchu ułóż mięso i obficie posyp sezamem.

Grillowana Wołowina

Służy 4

Chudy stek o wadze 450 g/1 funt, pokrojony w plasterki
60 ml/4 łyżki sosu sojowego
2 ząbki czosnku, zmiażdżone
5 ml/1 łyżeczka soli
2,5 ml/¬Ω łyżeczki świeżo zmielonego pieprzu
10 ml/2 łyżeczki cukru

Wszystkie składniki wymieszać i odstawić do marynowania na 3 godziny. Grilluj lub grilluj na rozgrzanym grillu przez około 5 minut z każdej strony.

Wołowina po kantońsku

Służy 4

30 ml/2 łyżki mąki kukurydzianej (skrobi kukurydzianej)
2 białka, ubite
Stek o masie 450 g, pokrojony w paski
olej do głębokiego smażenia
4 łodygi selera, pokrojone w plasterki
2 cebule, pokrojone w plasterki
60ml/4 łyżki wody
20 ml/4 łyżeczki soli
75 ml/5 łyżek sosu sojowego
60 ml/4 łyżki wina ryżowego lub wytrawnego sherry
30 ml/2 łyżki cukru
świeżo zmielony pieprz

Połowę mąki kukurydzianej wymieszaj z białkami. Dodaj stek i wymieszaj, aby wołowina pokryła się ciastem. Rozgrzej olej i smaż stek w głębokim tłuszczu, aż się zrumieni. Zdjąć z patelni i odsączyć na papierze kuchennym. Rozgrzej 15 ml/1 łyżkę oleju i smaż seler i cebulę przez 3 minuty. Dodać mięso, wodę, sól, sos sojowy, wino lub sherry i cukier, doprawić pieprzem. Doprowadzić do wrzenia i gotować, mieszając, aż sos zgęstnieje.

Wołowina Z Marchewką

Służy 4

30 ml/2 łyżki oleju z orzeszków ziemnych
450 g/1 funt chudej wołowiny pokrojonej w kostkę
2 cebule dymki (szalotki), pokrojone w plasterki
2 ząbki czosnku, zmiażdżone
1 plasterek korzenia imbiru, posiekany
250 ml/8 uncji/1 szklanka sosu sojowego
30 ml/2 łyżki wina ryżowego lub wytrawnego sherry
30 ml/2 łyżki brązowego cukru
5 ml/1 łyżeczka soli
600 ml/1 pt./2 ¬Ω szklanki wody
4 marchewki, pokrojone ukośnie

Rozgrzej olej i smaż wołowinę, aż będzie lekko rumiana. Odcedź nadmiar oleju, dodaj dymkę, czosnek, imbir i anyż, smaż przez 2 minuty. Dodaj sos sojowy, wino lub sherry, cukier i sól i dobrze wymieszaj. Dodać wodę, doprowadzić do wrzenia, przykryć i gotować na wolnym ogniu przez 1 godzinę. Dodaj marchewki, przykryj i gotuj na wolnym ogniu przez kolejne 30 minut. Zdejmij pokrywkę i gotuj na wolnym ogniu, aż sos się zredukuje.

Wołowina z Orzechami nerkowca

Służy 4

60 ml/4 łyżki oleju z orzeszków ziemnych
Stek rumsztykowy o wadze 450 g/1 funt, pokrojony w cienkie plasterki
8 dymek (szalotek), pokrojonych w kawałki
2 ząbki czosnku, zmiażdżone
1 plasterek korzenia imbiru, posiekany
75 g/3 uncje/szklanka prażonych orzechów nerkowca
120 ml/4 uncji/¬Ω szklanki wody
20 ml/4 łyżeczki mąki kukurydzianej (skrobi kukurydzianej)
20 ml/4 łyżeczki sosu sojowego
5 ml/1 łyżeczka oleju sezamowego
5 ml/1 łyżeczka sosu ostrygowego
5 ml/1 łyżeczka sosu chilli

Rozgrzewamy połowę oliwy i smażymy mięso, aż się lekko zrumieni. Zdjąć z patelni. Rozgrzej pozostały olej i smaż cebulę dymkę, czosnek, imbir i orzechy nerkowca przez 1 minutę. Mięso z powrotem włóż na patelnię. Wymieszaj pozostałe składniki i wlej mieszaninę na patelnię. Doprowadzić do wrzenia i gotować na wolnym ogniu, mieszając, aż mieszanina zgęstnieje.

Powolna zapiekanka z wołowiną

Służy 4

30 ml/2 łyżki oleju z orzeszków ziemnych
450 g/1 funt duszonej wołowiny pokrojonej w kostkę
3 plasterki korzenia imbiru, posiekane
3 marchewki, pokrojone w plasterki
1 rzepa, pokrojona w kostkę
15 ml/1 łyżka daktyli czarnych, bez pestek
15 ml/1 łyżka nasion lotosu
30 ml/2 łyżki przecieru pomidorowego (pasta)
10 ml/2 łyżki soli
900 ml/1 Ω pkt/3 ć szklanki bulionu wołowego
250 ml/8 uncji/1 szklanka wina ryżowego lub wytrawnego sherry

Rozgrzej olej w dużym ognioodpornym naczyniu żaroodpornym lub na patelni i smaż wołowinę, aż będzie smażona ze wszystkich stron.

Wołowina Z Kalafiorem

Służy 4

225 g różyczek kalafiora
olej do głębokiego smażenia
225 g wołowiny pokrojonej w paski
50 g pędów bambusa pokrojonych w paski
10 kasztanów wodnych pokrojonych w paski
120 ml/4 uncji/szklanka bulionu z kurczaka
15 ml/1 łyżka sosu sojowego
15 ml/1 łyżka sosu ostrygowego
15 ml/1 łyżka przecieru pomidorowego (pasta)
15 ml/1 łyżka mąki kukurydzianej (skrobi kukurydzianej)
2,5 ml/¬Ω łyżeczki oleju sezamowego

Kalafior gotuj przez 2 minuty we wrzącej wodzie, a następnie odcedź. Rozgrzewamy olej i smażymy kalafior do lekkiego zrumienienia. Wyjmij i odsącz na papierze kuchennym. Rozgrzej olej i smaż w głębokim tłuszczu wołowinę, aż się lekko zarumieni, następnie wyjmij i odcedź. Odlać całość oprócz 15 ml/1 łyżkę oleju i smażyć, mieszając, pędy bambusa i kasztany wodne przez 2 minuty. Dodać pozostałe składniki, doprowadzić do wrzenia i gotować, mieszając, aż sos zgęstnieje. Włóż wołowinę i kalafior z powrotem na patelnię i delikatnie podgrzej. Podawać na raz.

Wołowina Z Selerem

Służy 4

100 g selera pokrojonego w paski
45 ml/3 łyżki oleju z orzeszków ziemnych
2 cebule dymki (szalotki), posiekane
1 plasterek korzenia imbiru, posiekany
225 g chudej wołowiny pokrojonej w paski
30 ml/2 łyżki sosu sojowego
30 ml/2 łyżki wina ryżowego lub wytrawnego sherry
2,5 ml/¬Ω łyżeczki cukru
2,5 ml/¬Ω łyżeczki soli

Seler blanszować we wrzącej wodzie przez 1 minutę, a następnie dokładnie odcedzić. Rozgrzej olej i podsmaż cebulę dymkę i imbir, aż lekko się zarumienią. Dodać wołowinę i smażyć mieszając przez 4 minuty. Dodać seler i smażyć mieszając przez 2 minuty. Dodaj sos sojowy, wino lub sherry, cukier i sól i smaż przez 3 minuty, mieszając.

Smażone kawałki wołowiny z selerem

Służy 4

30 ml/2 łyżki oleju z orzeszków ziemnych
450 g chudej wołowiny pokrojonej w paski
3 łodygi selera, posiekane
1 cebula, posiekana
1 cebula dymka (szalotka), pokrojona w plasterki
1 plasterek korzenia imbiru, posiekany
30 ml/2 łyżki sosu sojowego
15 ml/1 łyżka wina ryżowego lub wytrawnego sherry
2,5 ml/½ łyżeczki cukru
2,5 ml/½ łyżeczki soli
10 ml/2 łyżeczki mąki kukurydzianej (skrobi kukurydzianej)
30ml/2 łyżki wody

Rozgrzej połowę oleju, aż będzie bardzo gorący i smaż wołowinę przez 1 minutę, aż się zrumieni. Zdjąć z patelni. Rozgrzać pozostały olej i podsmażyć seler, cebulę, dymkę i imbir, aż lekko zmiękną. Wołowinę włóż ponownie na patelnię z sosem sojowym, winem lub sherry, cukrem i solą, zagotuj i smaż, aż się podgrzeje. Wymieszaj mąkę kukurydzianą z wodą, wlej na patelnię i gotuj na wolnym ogniu, aż sos zgęstnieje. Podawać na raz.

Rozdrobniona Wołowina Z Kurczakiem I Selerem

Służy 4

4 suszone grzyby chińskie
45 ml/3 łyżki oleju z orzeszków ziemnych
2 ząbki czosnku, zmiażdżone
1 pokrojony korzeń imbiru, posiekany
5 ml/1 łyżeczka soli
100 g chudej wołowiny pokrojonej w paski
100 g kurczaka pokrojonego w paski
2 marchewki, pokrojone w paski
2 łodygi selera, pokrojone w paski
4 dymki (szalotki), pokrojone w paski
5 ml/1 łyżeczka cukru
5 ml/1 łyżeczka sosu sojowego
5 ml/1 łyżeczka wina ryżowego lub wytrawnego sherry
45ml/3 łyżki wody
5 ml/1 łyżeczka mąki kukurydzianej (skrobi kukurydzianej)

Grzyby namoczyć w ciepłej wodzie na 30 minut, następnie odcedzić. Odrzucić łodygi i posiekać kapelusze. Rozgrzej oliwę i podsmaż czosnek, imbir i sól, aż lekko się zarumienią. Dodaj wołowinę i kurczaka i smaż, aż zaczną się rumienić. Dodać seler, dymkę, cukier, sos sojowy, wino lub sherry i wodę, doprowadzić do wrzenia. Przykryć i dusić około 15 minut, aż mięso będzie miękkie. Mąkę kukurydzianą wymieszać z odrobiną wody, dodać do sosu i dusić, mieszając, aż sos zgęstnieje.

Wołowina chili

Służy 4

Stek rumsztykowy o wadze 450 g pokrojony w paski

45 ml/3 łyżki sosu sojowego

15 ml/1 łyżka wina ryżowego lub wytrawnego sherry

15 ml/1 łyżka brązowego cukru

15 ml/1 łyżka drobno posiekanego korzenia imbiru

30 ml/2 łyżki oleju z orzeszków ziemnych

50 g pędów bambusa pokrojonych w zapałki

1 cebula, pokrojona w paski

1 łodyga selera, pokrojona w zapałki

2 czerwone papryczki chilli pozbawione nasion i pokrojone w paski

120 ml/4 uncji/szklanka bulionu z kurczaka

15 ml/1 łyżka mąki kukurydzianej (skrobi kukurydzianej)

Umieść stek w misce. Wymieszaj sos sojowy, wino lub sherry, cukier i imbir i dodaj do steku. Pozostawić do marynowania na 1 godzinę. Wyjmij stek z marynaty. Rozgrzej połowę oleju i smaż, mieszając, pędy bambusa, cebulę, seler i chili przez 3 minuty, a następnie zdejmij je z patelni. Rozgrzej pozostały olej i smaż stek przez 3 minuty, mieszając. Dolać marynatę, zagotować i dodać podsmażone warzywa. Dusić, mieszając, przez 2 minuty. Wymieszaj bulion z mąką kukurydzianą i dodaj na patelnię. Doprowadzić do wrzenia i gotować na wolnym ogniu, mieszając, aż sos się klaruje i zgęstnieje.

Wołowina Z Kapustą Chińską

Służy 4

225 g chudej wołowiny

30 ml/2 łyżki oleju z orzeszków ziemnych

350 g kapusty pekińskiej, posiekanej

120 ml/4 uncji/¬Ω szklanki bulionu wołowego

sól i świeżo zmielony pieprz

10 ml/2 łyżeczki mąki kukurydzianej (skrobi kukurydzianej)

30ml/2 łyżki wody

Wołowinę pokroić cienko wzdłuż włókien. Rozgrzej olej i smaż wołowinę, mieszając, aż się zrumieni. Dodajemy kapustę pekińską i smażymy, aż lekko zmięknie. Dodajemy bulion, doprowadzamy do wrzenia i doprawiamy solą i pieprzem. Przykryj i gotuj na wolnym ogniu przez 4 minuty, aż wołowina będzie miękka. Mąkę kukurydzianą wymieszać z wodą, wsypać na patelnię i dusić, mieszając, aż sos zgęstnieje.

Kotlet Wołowy Suey

Służy 4

3 łodygi selera, pokrojone w plasterki
100 g kiełków fasoli
100 g różyczek brokułów
60 ml/4 łyżki oleju z orzeszków ziemnych
3 cebule dymki (szalotki), posiekane
2 ząbki czosnku, zmiażdżone
1 plasterek korzenia imbiru, posiekany
225 g chudej wołowiny pokrojonej w paski
45 ml/3 łyżki sosu sojowego
15 ml/1 łyżka wina ryżowego lub wytrawnego sherry
5 ml/1 łyżeczka soli
2,5 ml/¬Ω łyżeczki cukru
świeżo zmielony pieprz
15 ml/1 łyżka mąki kukurydzianej (skrobi kukurydzianej)

Seler, kiełki fasoli i brokuły blanszować we wrzącej wodzie przez 2 minuty, następnie odcedzić i osuszyć. Rozgrzej 45 ml/3 łyżki oleju i podsmaż cebulę dymkę, czosnek i imbir, aż się lekko zrumienią. Dodać wołowinę i smażyć mieszając przez 4 minuty. Zdjąć z patelni. Rozgrzej pozostały olej i smaż warzywa przez 3 minuty, mieszając. Dodać wołowinę, sos sojowy, wino lub sherry, sól, cukier i szczyptę pieprzu i smażyć mieszając przez 2 minuty. Mąkę kukurydzianą wymieszać z odrobiną wody, wsypać na patelnię i dusić, mieszając, aż sos się przejaśni i zgęstnieje.

Wołowina Z Ogórkiem

Służy 4

Stek rumsztykowy o wadze 450 g/1 funt, pokrojony w cienkie plasterki
45 ml/3 łyżki sosu sojowego
30 ml/2 łyżki mąki kukurydzianej (skrobi kukurydzianej)
60 ml/4 łyżki oleju z orzeszków ziemnych
2 ogórki, obrane, pozbawione gniazd nasiennych i pokrojone w plasterki
60 ml/4 łyżki bulionu z kurczaka
30 ml/2 łyżki wina ryżowego lub wytrawnego sherry
sól i świeżo zmielony pieprz

Umieść stek w misce. Wymieszaj sos sojowy i mąkę kukurydzianą i wmieszaj w stek. Pozostawić do marynowania na 30 minut. Rozgrzej połowę oleju i smaż ogórki przez 3 minuty, aż będą nieprzezroczyste, a następnie zdejmij je z patelni. Rozgrzać pozostały olej i smażyć stek, aż się zrumieni. Dodać ogórki i smażyć mieszając przez 2 minuty. Dodać bulion, wino lub sherry i doprawić solą i pieprzem. Doprowadź do wrzenia, przykryj i gotuj na wolnym ogniu przez 3 minuty.

Wołowina Chow Mein

Służy 4
Stek rumsztykowy o masie 750 g/1 ¬Ω funta
2 cebule
45 ml/3 łyżki sosu sojowego
45 ml/3 łyżki wina ryżowego lub wytrawnego sherry
15 ml/1 łyżka masła orzechowego
5 ml/1 łyżeczka soku z cytryny
350 g makaronu jajecznego
60 ml/4 łyżki oleju z orzeszków ziemnych

175 ml/6 uncji/szklanka bulionu z kurczaka

15 ml/1 łyżka mąki kukurydzianej (skrobi kukurydzianej)

30 ml/2 łyżki sosu ostrygowego

4 dymki (szalotki), posiekane

3 łodygi selera, pokrojone w plasterki

100 g grzybów pokrojonych w plasterki

1 zielona papryka, pokrojona w paski

100 g kiełków fasoli

Usuń i wyrzuć tłuszcz z mięsa. Pokrój w poprzek włókien na cienkie plasterki. Cebulę pokroić w krążki i rozdzielić warstwy. Zmieszaj 15 ml/1 łyżkę sosu sojowego z 15 ml/1 łyżkę wina lub sherry, masło orzechowe i sok z cytryny. Wmieszać mięso, przykryć i odstawić na 1 godzinę. Makaron gotuj we wrzącej wodzie przez około 5 minut lub do miękkości. Dobrze odcedź. Rozgrzej 15 ml/1 łyżkę oleju, dodaj 15 ml/1 łyżkę sosu sojowego oraz makaron i smaż przez 2 minuty, aż lekko się zarumieni. Przełożyć na ogrzany talerz do serwowania.

Wymieszaj pozostały sos sojowy i wino lub sherry z bulionem, mąką kukurydzianą i sosem ostrygowym. Rozgrzać 15 ml/1 łyżkę oleju i smażyć cebulę przez 1 minutę, mieszając. Dodać seler, grzyby, paprykę i kiełki fasoli i smażyć mieszając przez 2 minuty. Wyjmij z woka. Rozgrzać pozostały olej i smażyć mieszając, aż wołowina się zrumieni. Dodaj bulion, zagotuj, przykryj i gotuj na wolnym ogniu przez 3 minuty. Warzywa włóż z powrotem do woka i gotuj na wolnym ogniu, mieszając, przez około 4 minuty, aż warzywa będą gorące. Połóż mieszaninę na makaronie i podawaj.

Stek Ogórkowy

Służy 4

Stek rumsztykowy o wadze 450 g/1 funt
10 ml/2 łyżeczki mąki kukurydzianej (skrobi kukurydzianej)
10 ml/2 łyżeczki soli
2,5 ml/¬Ω łyżeczki świeżo zmielonego pieprzu
90 ml/6 łyżek oleju z orzeszków ziemnych
1 cebula, drobno posiekana
1 ogórek, obrany i pokrojony w plasterki
120 ml/4 uncji/¬Ω szklanki bulionu wołowego

Stek pokroić w paski, a następnie w cienkie plasterki wzdłuż włókien. Przełożyć do miski i wymieszać z mąką kukurydzianą, solą, pieprzem i połową oleju. Pozostawić do marynowania na 30 minut. Rozgrzej pozostały olej i podsmaż wołowinę i cebulę, aż się lekko zarumienią. Dodać ogórki i bulion, doprowadzić do wrzenia, przykryć i dusić przez 5 minut.

Kurczak Z Pomidorami

Służy 4

225 g kurczaka pokrojonego w kostkę
15 ml/1 łyżka mąki kukurydzianej (skrobi kukurydzianej)
15 ml/1 łyżka sosu sojowego
15 ml/1 łyżka wina ryżowego lub wytrawnego sherry
45 ml/3 łyżki oleju z orzeszków ziemnych
1 cebula, pokrojona w kostkę
60 ml/4 łyżki bulionu z kurczaka
5 ml/1 łyżeczka soli
5 ml/1 łyżeczka cukru
2 pomidory, obrane ze skóry i pokrojone w kostkę

Kurczaka wymieszaj z mąką kukurydzianą, sosem sojowym i winem lub sherry i odstaw na 30 minut. Rozgrzej olej i smaż kurczaka, aż uzyska jasnozłoty kolor. Dodać cebulę i smażyć mieszając, aż zmięknie. Dodać bulion, sól i cukier, doprowadzić do wrzenia i delikatnie mieszać na małym ogniu, aż kurczak będzie ugotowany. Dodaj pomidory i mieszaj, aż się rozgrzeją.

Gotowany Kurczak Z Pomidorami

Służy 4

4 porcje kurczaka

4 pomidory, obrane ze skórki i pokrojone na ćwiartki

15 ml/1 łyżka wina ryżowego lub wytrawnego sherry

15 ml/1 łyżka oleju z orzeszków ziemnych

sól

Umieść kurczaka na patelni i po prostu zalej zimną wodą. Doprowadź do wrzenia, przykryj i gotuj na wolnym ogniu przez 20 minut. Dodaj pomidory, wino lub sherry, oliwę i sól, przykryj i gotuj na wolnym ogniu przez kolejne 10 minut, aż kurczak będzie ugotowany. Ułóż kurczaka na ogrzanym talerzu i pokrój go na kawałki. Podgrzej sos i polej nim kurczaka.

Kurczak i pomidory z sosem z czarnej fasoli

Służy 4

45 ml/3 łyżki oleju z orzeszków ziemnych
1 ząbek czosnku, zmiażdżony
45 ml/3 łyżki sosu z czarnej fasoli
225 g kurczaka pokrojonego w kostkę
15 ml/1 łyżka wina ryżowego lub wytrawnego sherry
5 ml/1 łyżeczka cukru
15 ml/1 łyżka sosu sojowego
90 ml/6 łyżek bulionu z kurczaka
3 pomidory obrane ze skórki i pokrojone na ćwiartki
10 ml/2 łyżeczki mąki kukurydzianej (skrobi kukurydzianej)
45ml/3 łyżki wody

Rozgrzej olej i smaż czosnek przez 30 sekund. Dodaj sos z czarnej fasoli i smaż przez 30 sekund, następnie dodaj kurczaka i mieszaj, aż dobrze pokryje się olejem. Dodać wino lub sherry, cukier, sos sojowy i bulion, doprowadzić do wrzenia, przykryć i gotować na wolnym ogniu przez około 5 minut, aż kurczak będzie ugotowany. Mąkę kukurydzianą i wodę wymieszać na pastę, wlać na patelnię i dusić, mieszając, aż sos się przejaśni i zgęstnieje.

Szybko Gotowany Kurczak Z Warzywami

Służy 4

1 białko jaja
50 g/2 uncje mąki kukurydzianej (skrobi kukurydzianej)
225 g piersi z kurczaka, pokrojonych w paski
75 ml/5 łyżek oleju z orzeszków ziemnych
200 g pędów bambusa pokrojonych w paski
50 g kiełków fasoli
1 zielona papryka, pokrojona w paski
3 cebule dymki (szalotki), pokrojone w plasterki
1 plasterek korzenia imbiru, posiekany
1 ząbek czosnku, posiekany
15 ml/1 łyżka wina ryżowego lub wytrawnego sherry

Ubić białko z mąki kukurydzianej i zanurzyć w tej mieszance paski kurczaka. Rozgrzej olej do średniej temperatury i smaż kurczaka przez kilka minut, aż będzie ugotowany. Zdjąć z patelni i dobrze odsączyć. Na patelnię dodaj pędy bambusa, kiełki fasoli, paprykę, cebulę, imbir i czosnek i smaż przez 3 minuty, mieszając. Dodaj wino lub sherry i włóż kurczaka z powrotem na patelnię. Dobrze wymieszaj i podgrzej przed podaniem.

Kurczak Orzechowy

Służy 4

45 ml/3 łyżki oleju z orzeszków ziemnych
2 cebule dymki (szalotki), posiekane
1 plasterek korzenia imbiru, posiekany
450 g/1 funt piersi z kurczaka, pokrojonej w bardzo cienkie plasterki
50 g szynki, posiekanej
30 ml/2 łyżki sosu sojowego
30 ml/2 łyżki wina ryżowego lub wytrawnego sherry
5 ml/1 łyżeczka cukru
5 ml/1 łyżeczka soli
100 g posiekanych orzechów włoskich

Rozgrzej olej i smaż cebulę i imbir przez 1 minutę, mieszając. Dodaj kurczaka i szynkę i smaż mieszając przez 5 minut, aż będą prawie ugotowane. Dodaj sos sojowy, wino lub sherry, cukier i sól i smaż przez 3 minuty, mieszając. Dodać orzechy włoskie i smażyć mieszając przez 1 minutę, aż składniki dokładnie się połączą.

Kurczak Z Orzechami Włoskimi

Służy 4

100 g/4 uncje/1 filiżanka orzechów włoskich łuskanych,
przekrojonych na połówki
olej do głębokiego smażenia
45 ml/3 łyżki oleju z orzeszków ziemnych
2 plasterki korzenia imbiru, posiekane
225 g kurczaka pokrojonego w kostkę
100 g pędów bambusa, pokrojonych w plasterki
75 ml/5 łyżek bulionu z kurczaka

Przygotuj orzechy włoskie, rozgrzej olej i smaż je w głębokim tłuszczu na złoty kolor, a następnie dobrze odsącz. Rozgrzej olej z orzeszków ziemnych i smaż imbir przez 30 sekund. Dodać kurczaka i smażyć mieszając, aż lekko się zrumieni. Dodać pozostałe składniki, doprowadzić do wrzenia i dusić, mieszając, aż kurczak będzie ugotowany.

Kurczak Z Kasztanami Wodnymi

Służy 4

45 ml/3 łyżki oleju z orzeszków ziemnych
2 ząbki czosnku, zmiażdżone
2 cebule dymki (szalotki), posiekane
1 plasterek korzenia imbiru, posiekany
225 g piersi z kurczaka, pokrojonej w paski
100 g kasztanów wodnych, pokrojonych w paski
45 ml/3 łyżki sosu sojowego
15 ml/1 łyżka wina ryżowego lub wytrawnego sherry
5 ml/1 łyżeczka mąki kukurydzianej (skrobi kukurydzianej)

Rozgrzej oliwę i podsmaż czosnek, dymkę i imbir, aż się lekko zrumienią. Dodać kurczaka i smażyć mieszając przez 5 minut. Dodać kasztany wodne i smażyć mieszając przez 3 minuty. Dodaj sos sojowy, wino lub sherry i mąkę kukurydzianą i smaż mieszając przez około 5 minut, aż kurczak będzie ugotowany.

Pikantny Kurczak Z Kasztanami Wodnymi

Służy 4

30 ml/2 łyżki oleju z orzeszków ziemnych
4 kawałki kurczaka
3 cebule dymki (szalotki), posiekane
2 ząbki czosnku, zmiażdżone
1 plasterek korzenia imbiru, posiekany
250 ml/8 uncji/1 szklanka sosu sojowego
30 ml/2 łyżki wina ryżowego lub wytrawnego sherry
30 ml/2 łyżki brązowego cukru
5 ml/1 łyżeczka soli
375 ml/13 uncji/1¼ szklanki wody
225 g kasztanów wodnych, pokrojonych w plasterki
15 ml/1 łyżka mąki kukurydzianej (skrobi kukurydzianej)

Rozgrzej olej i smaż kawałki kurczaka na złoty kolor. Dodać dymkę, czosnek i imbir i smażyć przez 2 minuty. Dodaj sos sojowy, wino lub sherry, cukier i sól i dobrze wymieszaj. Dodajemy wodę, doprowadzamy do wrzenia, przykrywamy i gotujemy 20 minut. Dodaj kasztany wodne, przykryj i gotuj przez kolejne 20 minut. Mąkę kukurydzianą wymieszać z odrobiną wody, dodać do sosu i dusić, mieszając, aż sos się przejaśni i zgęstnieje

Pieczone Curry Wołowe

Służy 4

45 ml/3 łyżki masła

15 ml/1 łyżka curry

45 ml/3 łyżki mąki zwykłej (uniwersalnej).

375 ml/13 uncji/1 Ω filiżanki mleka

15 ml/1 łyżka sosu sojowego

sól i świeżo zmielony pieprz

450 g/1 funt gotowanej wołowiny, posiekanej

100 g groszku

2 marchewki, posiekane

2 cebule, posiekane

225 g ugotowanego ryżu długoziarnistego, gorącego

1 jajko na twardo (ugotowane na twardo), pokrojone w plasterki

Rozpuść masło, dodaj curry i mąkę, smaż przez 1 minutę. Dodać mleko i sos sojowy, doprowadzić do wrzenia i gotować, mieszając, przez 2 minuty. Doprawić solą i pieprzem. Dodaj wołowinę, groszek, marchewkę i cebulę i dobrze wymieszaj, aby pokryły się sosem. Wymieszaj ryż, następnie przenieś mieszaninę do naczynia żaroodpornego i piecz w temperaturze 200-∞C/400-∞F/gaz na poziomie 6 przez 20 minut, aż warzywa będą miękkie. Podawać udekorowane kawałkami jajka na twardo.

Szparagi Z Pieczarkami I Dymkami

Służy 4

10 suszonych grzybów chińskich
225 g szparagów
1 pęczek dymki (szalotki), pokrojonej
600 ml/1 porcja/2½ szklanki bulionu z kurczaka
5 ml/1 łyżeczka mąki kukurydzianej (skrobi kukurydzianej)
15ml/1 łyżka wody
5 ml/1 łyżeczka soli

Grzyby namoczyć w ciepłej wodzie na 30 minut, następnie odcedzić. Odrzuć łodygi. Ułóż grzyby na środku sitka, a następnie ułóż dymkę i szparagi w okręgu promieniującym od środka. Doprowadź bulion do wrzenia, następnie włóż sitko do bulionu, przykryj i gotuj na wolnym ogniu przez około 10 minut, aż warzywa będą miękkie. Wyjmij warzywa i odwróć je na podgrzany talerz, aby zachować wzór. Doprowadź wywar do wrzenia. Zmiksuj wodę, mąkę kukurydzianą i sól na pastę, dodaj ją do bulionu i gotuj na wolnym ogniu, mieszając, aż sos lekko zgęstnieje. Połóż łyżkę na warzywach i od razu podawaj.

Smażone szparagi

Służy 4

45 ml/3 łyżki oleju z orzeszków ziemnych
1 cebula dymka (szczypiorek), posiekana
450 g/1 funt szparagów
30 ml/2 łyżki sosu sojowego
5 ml/1 łyżeczka cukru
120 ml/4 uncji/½ szklanki bulionu z kurczaka
5 ml/1 łyżeczka mąki kukurydzianej (skrobi kukurydzianej)

Rozgrzej olej i podsmaż cebulę dymkę, aż lekko się zarumieni. Dodać szparagi i smażyć mieszając przez 3 minuty. Dodać pozostałe składniki i smażyć mieszając przez 4 minuty.

Słodko-kwaśne szparagi

Służy 4

30 ml/2 łyżki oleju z orzeszków ziemnych
450 g szparagów, pokrojonych w ukośne kawałki
60 ml/4 łyżki octu winnego
50 g/2 uncje/¼ szklanki brązowego cukru
15 ml/1 łyżka sosu sojowego
15 ml/1 łyżka wina ryżowego lub wytrawnego sherry
5 ml/1 łyżeczka soli

15 ml/1 łyżka mąki kukurydzianej (skrobi kukurydzianej)

Rozgrzewamy olej i smażymy szparagi przez 4 minuty. Dodaj ocet winny, cukier, sos sojowy, wino lub sherry i sól i smaż przez 2 minuty, mieszając. Mąkę kukurydzianą wymieszać z odrobiną wody, wsypać na patelnię i smażyć mieszając przez 1 minutę.

Bakłażan z Bazylią

Służy 4

60 ml/4 łyżki oleju z orzeszków ziemnych
2 bakłażany (bakłażany)
60ml/4 łyżki wody
2 ząbki czosnku, zmiażdżone
1 czerwona papryczka chili, pokrojona ukośnie
45 ml/3 łyżki sosu sojowego
1 duży pęczek bazylii

Rozgrzej olej i smaż bakłażana, aż się lekko zrumieni. Dodać wodę, czosnek, papryczkę chilli i sos sojowy i smażyć, aż bakłażan zmieni kolor. Dodaj bazylię i smaż mieszając, aż liście zwiędną. Podawać na raz.

Duszony bakłażan

Służy 4

1 bakłażan (bakłażan)
olej do głębokiego smażenia
15 ml/1 łyżka oleju z orzeszków ziemnych
3 cebule dymki (szalotki), posiekane
1 plasterek korzenia imbiru, posiekany
90 ml/6 łyżek bulionu z kurczaka
15 ml/1 łyżka wina ryżowego lub wytrawnego sherry
15 ml/1 łyżka sosu sojowego
15 ml/1 łyżka sosu z czarnej fasoli
15 ml/1 łyżka brązowego cukru

Bakłażana obierz i pokrój w dużą kostkę. Rozgrzej olej i smaż bakłażana, aż będzie miękki i lekko rumiany. Wyjąć i dobrze odsączyć.

Rozgrzej olej i podsmaż cebulę dymkę i imbir, aż lekko się zarumienią. Dodać bakłażana i dobrze wymieszać. Dodać bulion, wino lub sherry, sos sojowy, sos z czarnej fasoli i cukier. Smażyć przez 2 minuty.

Duszony Bakłażan Z Pomidorami

Służy 4

6 plasterków boczku
2 ząbki czosnku, zmiażdżone
2 cebule dymki (szalotki), posiekane
1 bakłażan (bakłażan), obrany i pokrojony w kostkę
4 pomidory, obrane ze skórki i pokrojone na ćwiartki
sól i świeżo zmielony pieprz

Z boczku odkrój skórkę i pokrój w kawałki. Smażymy do lekkiego zrumienienia. Dodaj czosnek i dymkę i smaż mieszając przez 2 minuty. Dodać bakłażana i smażyć mieszając około 5 minut, aż będzie lekko miękki. Ostrożnie wymieszaj z pomidorami i dopraw solą i pieprzem. Delikatnie mieszaj na małym ogniu, aż całość się rozgrzeje.

Bakłażan na parze

Służy 4

1 bakłażan (bakłażan)
30 ml/2 łyżki sosu sojowego
5 ml/1 łyżeczka oleju z orzeszków ziemnych

Skórkę bakłażana nacinamy kilka razy i wkładamy do naczynia żaroodpornego. Ułożyć na kratce w naczyniu do gotowania na parze i gotować na wolnym ogniu nad delikatnie gotującą się wodą przez około 25 minut, aż będą miękkie. Pozostawić do lekkiego przestygnięcia, następnie obrać ze skórki i pokroić miąższ na kawałki. Skropić sosem sojowym i olejem, dobrze wymieszać. Podawać na gorąco lub na zimno.

Nadziewany Bakłażan

Służy 4

4 suszone grzyby chińskie
225 g mielonej (mielonej) wieprzowiny
2 cebule dymki (szalotki), posiekane
1 plasterek korzenia imbiru, posiekany
30 ml/2 łyżki sosu sojowego
15 ml/1 łyżka wina ryżowego lub wytrawnego sherry
5 ml/1 łyżeczka cukru
1 bakłażan (bakłażan), przekrojony wzdłuż na pół

Grzyby namoczyć w ciepłej wodzie na 30 minut, następnie odcedzić. Odrzucić łodygi i posiekać kapelusze. Wymieszać z wieprzowiną, dymką, imbirem, sosem sojowym, winem lub sherry i cukrem. Wydrąż nasiona z bakłażana, aby uzyskać pusty kształt. Napełnij mieszanką wieprzową i ułóż w naczyniu żaroodpornym. Ułożyć na kratce w naczyniu do gotowania na parze i gotować na wolnym ogniu nad delikatnie gotującą się wodą przez 30 minut, aż będą miękkie.

Smażony bakłażan

Porcja 4–6

4 suszone grzyby chińskie
1 bakłażan (bakłażan), obrany i pokrojony w kostkę
30 ml/2 łyżki mąki kukurydzianej (skrobi kukurydzianej)
olej do głębokiego smażenia
45 ml/3 łyżki oleju z orzeszków ziemnych
50 g gotowanego kurczaka, pokrojonego w kostkę
50 g szynki wędzonej, pokrojonej w kostkę
50 g posiekanych pędów bambusa
50 g/2 uncji/½ szklanki posiekanych mieszanych orzechów
5 ml/1 łyżeczka soli
5 ml/1 łyżeczka cukru
30 ml/2 łyżki sosu sojowego
30 ml/2 łyżki wina ryżowego lub wytrawnego sherry

Grzyby namoczyć w ciepłej wodzie na 30 minut, następnie odcedzić. Odrzucić łodygi i pokroić kapelusze. Bakłażana delikatnie obtaczamy w mące kukurydzianej. Rozgrzewamy olej i smażymy bakłażana na złoty kolor. Zdjąć z patelni i dobrze odsączyć. Rozgrzej olej i podsmaż kurczaka, szynkę, pędy bambusa i orzechy. Dodać pozostałe składniki i smażyć mieszając przez 3 minuty. Włóż bakłażana z powrotem na patelnię i smaż, aż się rozgrzeje.

Pędy Bambusa Z Kurczakiem

Służy 4

50 g mięsa z kurczaka, mielonego (mielonego)
50 g wędzonej szynki, mielonej (mielonej)
50 g kasztanów wodnych, zmielonych (mielonych)
2 białka jaj
15 ml/1 łyżka mąki kukurydzianej (skrobi kukurydzianej)
225 g pędów bambusa, pokrojonych w grube paski
15 ml/1 łyżka posiekanej natki pietruszki płaskolistnej

Wymieszaj kurczaka, szynkę i kasztany wodne. Wymieszaj białka z mąką kukurydzianą, a następnie dodaj je do zmielonych składników. Wmieszaj pędy bambusa do mieszanki, aż dobrze się nimi pokryją, a następnie ułóż je w naczyniu żaroodpornym. Ułożyć na kratce w naczyniu do gotowania na parze, przykryć i gotować na wolnym ogniu nad delikatnie gotującą się wodą przez 15 minut. Podawać udekorowane natką pietruszki.

Smażone Pędy Bambusa

Służy 4

olej do głębokiego smażenia
225 g pędów bambusa pokrojonych w paski
15 ml/1 łyżka oleju z orzeszków ziemnych
15 ml/1 łyżka brązowego cukru
15 ml/1 łyżka sosu sojowego
10 ml/2 łyżeczki mąki kukurydzianej (skrobi kukurydzianej)
90ml/6 łyżek wody

Rozgrzej olej i smaż pędy bambusa na złoty kolor. Dobrze odcedź. Rozgrzej olej z orzeszków ziemnych i smaż, mieszając, pędy bambusa, aż pokryją się olejem. Wymieszaj cukier, sos sojowy, mąkę kukurydzianą i wodę, wlej na patelnię i smaż, aż się rozgrzeje.

Smażone Pędy Bambusa

Służy 4

90 ml/6 łyżek oleju z orzeszków ziemnych
1 cebula dymka, pokrojona w paski
1 ząbek czosnku, zmiażdżony
1 czerwona papryczka chilli, pokrojona w paski
225 g pędów bambusa
15 ml/1 łyżka gęstego sosu sojowego
2,5 ml/½ łyżeczki oleju sezamowego

Rozgrzej olej i smaż cebulę dymkę, czosnek i papryczkę chili przez 30 sekund. Dodaj pędy bambusa i smaż, mieszając, aż będą miękkie i dobrze pokryte przyprawami. Dodaj sos sojowy i olej sezamowy i smaż mieszając przez kolejne 3 minuty. Podawać na raz.

Pędy Bambusa Z Grzybami

Służy 4

8 suszonych grzybów chińskich
45 ml/3 łyżki oleju z orzeszków ziemnych
350 g pędów bambusa pokrojonych w paski
30 ml/2 łyżki sosu sojowego
5 ml/1 łyżeczka brązowego cukru
15 ml/1 łyżka mąki kukurydzianej (skrobi kukurydzianej)
45ml/3 łyżki wody

Grzyby namoczyć w ciepłej wodzie na 30 minut, następnie odcedzić. Odrzucić łodygi i pokroić kapelusze. Rozgrzewamy olej i smażymy grzyby przez 2 minuty. Dodaj pędy bambusa i smaż mieszając przez 3 minuty. Dodaj sos sojowy i cukier i dobrze wymieszaj, aż się rozgrzeje. Przełóż warzywa na ogrzany talerz za pomocą łyżki cedzakowej. Zmieszaj mąkę kukurydzianą i wodę na pastę i wymieszaj ją na patelni. Gotuj, mieszając, aż sos się klaruje i zgęstnieje, następnie polej nim warzywa i od razu podawaj.

Pędy Bambusa Z Suszonymi Grzybami

Służy 4

6 suszonych grzybów chińskich
250 ml/8 uncji uncji/1 szklanka bulionu z kurczaka
15 ml/1 łyżka wina ryżowego lub wytrawnego sherry
15 ml/1 łyżka sosu sojowego
15 ml/1 łyżka oleju z orzeszków ziemnych
225 g pędów bambusa, pokrojonych w plasterki
15 ml/1 łyżka mąki kukurydzianej (skrobi kukurydzianej)

Grzyby namoczyć w ciepłej wodzie na 30 minut, następnie odcedzić. Odrzuć łodygi i pokrój kapelusze. Umieść kapelusze grzybów na patelni z połową bulionu, winem lub sherry i sosem sojowym. Doprowadzić do wrzenia, przykryć i gotować około 10 minut, aż zgęstnieje. Dodaj olej i mieszaj na średnim ogniu przez 2 minuty. Dodaj pędy bambusa i smaż mieszając przez 3 minuty. Mąkę kukurydzianą wymieszaj z pozostałym bulionem i wlej na patelnię. Doprowadzić do wrzenia, mieszając, po czym gotować na wolnym ogniu przez około 4 minuty, aż sos zgęstnieje i przejaśni się.

Pędy bambusa w sosie ostrygowym

Służy 4

15 ml/1 łyżka oleju z orzeszków ziemnych
350 g pędów bambusa pokrojonych w paski
250 ml/8 uncji uncji/1 szklanka bulionu z kurczaka
15 ml/1 łyżka sosu ostrygowego
5 ml/1 łyżeczka sosu sojowego
2,5 ml/½ łyżeczki brązowego cukru
2,5 ml/½ łyżeczki oleju sezamowego

Rozgrzej olej i smaż pędy bambusa przez 1 minutę. Dodać bulion, sos ostrygowy, sos sojowy i cukier i doprowadzić do wrzenia. Gotuj na wolnym ogniu przez około 10 minut, aż pędy bambusa będą miękkie, a płyn się zredukuje. Podawać skropione olejem sezamowym.

Pędy bambusa z olejem sezamowym

Służy 4

100 g kiełków fasoli
45 ml/3 łyżki oleju z orzeszków ziemnych
225 g pędów bambusa
5 ml/1 łyżeczka soli
5 ml/1 łyżeczka oleju sezamowego

Kiełki fasoli gotuj we wrzącej wodzie przez około 10 minut, aż będą miękkie, ale nadal chrupiące. Dobrze odcedź. W międzyczasie rozgrzej olej i smaż pędy bambusa przez około 5 minut, aż będą miękkie, ale nadal chrupiące. Posyp solą, dobrze wymieszaj, a następnie ułóż z kiełkami fasoli na ogrzanym talerzu. Skropić olejem sezamowym i podawać.

Pędy Bambusa Ze Szpinakiem

Służy 4

45 ml/3 łyżki oleju z orzeszków ziemnych

Pędy bambusa 450 g/1 funt

5 ml/1 łyżeczka wina ryżowego lub wytrawnego sherry

szczypta soli

120 ml/4 uncji/½ szklanki bulionu z kurczaka

100 g szpinaku

2,5 ml/½ łyżeczki oleju sezamowego

Rozgrzej olej i smaż pędy bambusa przez około 1 minutę. Dodać wino lub sherry, sól i bulion, doprowadzić do wrzenia i gotować na wolnym ogniu przez 3 minuty. Dodaj szpinak i gotuj na wolnym ogniu, aż szpinak zwiędnie, a płyn lekko się zredukuje. Przełożyć do ogrzanej miski i podawać skropione olejem sezamowym.

Smażony bob

Służy 4

450 g/1 funt bobu łuskanego
60 ml/4 łyżki oleju z orzeszków ziemnych
5 ml/1 łyżeczka soli
10 ml/2 łyżeczki brązowego cukru
75 ml/5 łyżek bulionu z kurczaka
sól
2 cebule dymki (szalotki), posiekane

Fasolę wrzucamy do rondelka, zalewamy wodą, doprowadzamy do wrzenia i gotujemy do miękkości. Dobrze odcedź.

Rozgrzać olej, następnie dodać fasolę i mieszać, aż całkowicie pokryje się olejem. Dodać cukier i bulion, doprawić do smaku solą. Smażyć przez 3 minuty. Wymieszaj cebulę dymkę i podawaj.

Fasolka szparagowa z chilli

Służy 4

45 ml/3 łyżki oleju z orzeszków ziemnych
2 suszone czerwone papryczki chili
2 cebule, posiekane
450 g/1 funt zielonej fasolki

Rozgrzej oliwę z papryczkami chili i smaż, aż zmienią kolor, a następnie zdejmij je z patelni. Dodajemy cebulę i smażymy, aż lekko się zarumieni. W międzyczasie fasolę blanszujemy we wrzącej wodzie przez 2 minuty, a następnie dobrze odsączamy. Dodaj do cebuli i smaż przez 10 minut, aż będzie miękka, ale nadal chrupiąca i dobrze pokryta olejem z przyprawami.

Przyprawiona fasolka szparagowa

Służy 4

450 g/1 funt zielonej fasolki
15 ml/1 łyżka soli
5 ml/1 łyżeczka mielonego anyżu
5 ml/1 łyżeczka świeżo zmielonego czerwonego pieprzu

Wszystkie składniki umieść w dużym rondlu i po prostu zalej wodą. Doprowadzić do wrzenia i gotować na wolnym ogniu przez około 8 minut, aż fasola będzie miękka. Dobrze odcedź przed podaniem.

Smażona fasolka szparagowa

Służy 4

45 ml/3 łyżki oleju z orzeszków ziemnych
5 ml/1 łyżeczka soli
450 g fasoli szparagowej, pokrojonej na kawałki
120 ml/4 uncji/½ szklanki bulionu z kurczaka
15 ml/1 łyżka sosu sojowego

Rozgrzać olej i sól, następnie dodać fasolę i smażyć mieszając przez 2 minuty. Dodaj bulion i sos sojowy, zagotuj, przykryj i gotuj na wolnym ogniu przez około 5 minut, aż fasola będzie miękka, ale nadal lekko chrupiąca.

Smażone kiełki fasoli

Służy 4

15 ml/1 łyżka oleju z orzeszków ziemnych
450 g kiełków fasoli
15 ml/1 łyżka sosu sojowego
sól i świeżo zmielony pieprz

Rozgrzej olej i smaż kiełki fasoli przez około 3 minuty. Dodać sos sojowy, sól i pieprz i dobrze wymieszać. Przykryj i gotuj na wolnym ogniu przez 5 minut, następnie zdejmij pokrywkę i gotuj na wolnym ogniu przez kolejną 1 minutę.

Smażenie kiełków fasoli

Służy 4

15 ml/1 łyżka oleju z orzeszków ziemnych
2,5 ml/½ łyżeczki soli
1 ząbek czosnku, zmiażdżony
450 g kiełków fasoli
3 cebule dymki (szalotki), posiekane
60 ml/4 łyżki bulionu z kurczaka
5 ml/1 łyżeczka cukru
5 ml/1 łyżeczka sosu sojowego

Podgrzej oliwę, sól i czosnek, aż czosnek zmieni kolor na jasnozłoty. Dodać kiełki fasoli i dymkę i smażyć mieszając przez 2 minuty. Dodajemy pozostałe składniki i smażymy kilka minut, aż cały płyn odparuje.

Kiełki fasoli i seler

Służy 4

450 g kiełków fasoli
45 ml/3 łyżki oleju z orzeszków ziemnych
4 łodygi selera pokrojonego w paski
5 ml/1 łyżeczka soli
15 ml/1 łyżka sosu sojowego
90 ml/6 łyżek bulionu z kurczaka

Kiełki fasoli blanszować we wrzącej wodzie przez 3 minuty, a następnie odcedzić. Rozgrzej olej i smaż seler przez 1 minutę. Dodać kiełki fasoli i smażyć mieszając przez 1 minutę. Dodaj pozostałe składniki, zagotuj, przykryj i gotuj na wolnym ogniu przez 3 minuty przed podaniem.

Kiełki fasoli i papryka

Służy 4

225 g kiełków fasoli
45 ml/3 łyżki oleju z orzeszków ziemnych
2 suszone papryczki chili
1 plasterek korzenia imbiru, posiekany
1 czerwona papryka, pokrojona w paski
1 zielona papryka, pokrojona w paski
90 ml/6 łyżek bulionu z kurczaka

Kiełki fasoli blanszować we wrzącej wodzie przez 3 minuty, a następnie odcedzić. Rozgrzej olej i smaż całe papryczki chilli przez około 3 minuty, a następnie wyrzuć paprykę. Na patelnię dodaj imbir i paprykę i smaż mieszając przez 3 minuty. Dodać kiełki fasoli i smażyć mieszając przez 2 minuty. Dodać bulion, doprowadzić do wrzenia, przykryć i dusić przez 3 minuty przed podaniem.

Kiełki Fasoli Z Wieprzowiną

Służy 4

450 g kiełków fasoli
100 g chudej wieprzowiny pokrojonej w paski
15 ml/1 łyżka mąki kukurydzianej (skrobi kukurydzianej)
15 ml/1 łyżka wina ryżowego
15 ml/1 łyżka sosu sojowego
5 ml/1 łyżeczka cukru
2,5 ml/½ łyżeczki soli
30 ml/2 łyżki oleju z orzeszków ziemnych
75 ml/5 łyżek bulionu z kurczaka

Kiełki fasoli blanszować we wrzącej wodzie przez 3 minuty, a następnie odcedzić. Wymieszaj wieprzowinę z mąką kukurydzianą, winem lub sherry, sosem sojowym, cukrem i solą, a następnie odstaw na 30 minut. Rozgrzać połowę oleju i smażyć kiełki fasoli przez 1 minutę, mieszając. Zdjąć z patelni. Rozgrzej pozostały olej i smaż wieprzowinę, mieszając, aż się lekko zrumieni. Dodać bulion, przykryć i dusić przez 3 minuty. Włóż kiełki fasoli z powrotem na patelnię i mieszaj, aż się rozgrzeją. Podawać na raz.

Smażone brokuły

Służy 4

45 ml/3 łyżki oleju z orzeszków ziemnych
1 cebula dymka (szczypiorek), posiekana
450 g/1 funt różyczek brokułów
30 ml/2 łyżki sosu sojowego
5 ml/1 łyżeczka cukru
120 ml/4 uncji/½ szklanki bulionu z kurczaka
5 ml/1 łyżeczka mąki kukurydzianej (skrobi kukurydzianej)

Rozgrzej olej i podsmaż cebulę dymkę, aż lekko się zarumieni. Dodać brokuły i smażyć mieszając przez 3 minuty. Dodać pozostałe składniki i smażyć mieszając przez 2 minuty.

Brokuły w brązowym sosie

Służy 4

225 g różyczek brokułów
30 ml/2 łyżki oleju z orzeszków ziemnych
1 ząbek czosnku, zmiażdżony
100 g pędów bambusa, pokrojonych w plasterki
250 ml/8 uncji uncji/1 szklanka bulionu z kurczaka
15 ml/1 łyżka sosu sojowego
15 ml/1 łyżka sosu ostrygowego
15 ml/1 łyżka mąki kukurydzianej (skrobi kukurydzianej)
30 ml/2 łyżki wina ryżowego lub wytrawnego sherry

Brokuły gotuj we wrzącej wodzie przez 4 minuty, a następnie dobrze odcedź. Rozgrzej oliwę i podsmaż czosnek na złoty kolor. Dodać brokuły i pędy bambusa i smażyć mieszając przez 1 minutę. Dodać bulion, sos sojowy i ostrygowy, doprowadzić do wrzenia, przykryć i gotować na wolnym ogniu przez 4 minuty. Wymieszaj mąkę kukurydzianą z winem lub sherry, wlej na patelnię i gotuj na wolnym ogniu, mieszając, aż sos zgęstnieje.

Kapusta Z Plasterkami Boczku

Służy 4

350 g kapusty, drobno posiekanej
sól
3 plastry wątłego boczku, obrane i pokrojone w paski
30 ml/2 łyżki oleju z orzeszków ziemnych
2 ząbki czosnku
5 ml/1 łyżeczka startego korzenia imbiru
5 ml/1 łyżeczka cukru
120 ml/4 uncji/½ szklanki bulionu z kurczaka lub warzyw

Posyp kapustę solą i odstaw na 15 minut. Smażyć boczek, aż będzie chrupiący. Rozgrzej oliwę i podsmaż czosnek, aż się lekko zrumieni, a następnie wyrzuć. Na patelnię z imbirem i cukrem dodajemy kapustę i smażymy przez 2 minuty, mieszając. Dodać bulion i boczek i smażyć mieszając przez kolejne 2 minuty. Podawać ze smażonym ryżem.

Krem z kapusty

Służy 4

450 g/1 funt kapusty pekińskiej

45 ml/3 łyżki oleju z orzeszków ziemnych

250 ml/8 uncji uncji/1 szklanka bulionu z kurczaka

sól

15 ml/1 łyżka mąki kukurydzianej (skrobi kukurydzianej)

50 g szynki wędzonej, pokrojonej w kostkę

Kapustę pokroić w paski o boku 5 cm/2. Rozgrzewamy olej i smażymy kapustę przez 3 minuty. Dodać bulion i doprawić solą. Doprowadź do wrzenia, przykryj i gotuj na wolnym ogniu przez 4 minuty. Mąkę kukurydzianą wymieszać z odrobiną wody, wsypać na patelnię i dusić, mieszając, aż sos zgęstnieje. Przełóż na ogrzany talerz i podawaj posypany szynką.

Kapusta pekińska z grzybami

Służy 4

6 suszonych grzybów chińskich
45 ml/3 łyżki oleju z orzeszków ziemnych
1 kapusta pekińska, pokrojona w kostkę
1 czerwona papryka, pokrojona w kostkę
1 zielona papryka, pokrojona w kostkę
225 g kiełbasy czosnkowej, pokrojonej w kostkę
120 ml/4 uncji/½ szklanki bulionu z kurczaka
45 ml/3 łyżki octu winnego
20 ml/4 łyżeczki sosu sojowego
20 ml/4 łyżeczki miodu
5 ml/1 łyżeczka mąki kukurydzianej (skrobi kukurydzianej)
sól i świeżo zmielony pieprz
20 ml/2 łyżki posiekanego szczypiorku

Grzyby namoczyć w ciepłej wodzie na 30 minut, następnie odcedzić. Odrzucić łodygi i posiekać kapelusze. Rozgrzej olej i smaż grzyby, kapustę i paprykę przez 5 minut. Dodajemy kiełbasę czosnkową i krótko smażymy. Wymieszaj bulion z octem winnym, sosem sojowym, miodem i mąką kukurydzianą. Wlać na patelnię i doprowadzić do wrzenia. Doprawić solą i pieprzem, dusić, mieszając, aż sos zgęstnieje. Podawać posypane szczypiorkiem.

Pikantna smażona kapusta

Służy 4

450 g / 1 funt kapusty, rozdrobnionej
30 ml/2 łyżki oleju z orzeszków ziemnych
2 ząbki czosnku, zmiażdżone
1 plasterek korzenia imbiru, posiekany
15 ml/1 łyżka sosu ostrygowego
15 ml/1 łyżka sosu sojowego
15 ml/1 łyżka sosu z fasoli chili
5 ml/1 łyżeczka oleju sezamowego

Kapustę blanszujemy we wrzącej, osolonej wodzie przez 2 minuty. Dobrze odcedź. Rozgrzej olej i smaż czosnek i imbir przez kilka sekund, aż lekko się zarumienią. Dodać kapustę i smażyć mieszając przez 2 minuty. Dodać pozostałe składniki i smażyć mieszając przez kolejne 2 minuty.

Kapusta słodko-kwaśna

Służy 4

15 ml/1 łyżka oleju z orzeszków ziemnych
1 główka kapusty, posiekana
5 ml/1 łyżeczka soli
30 ml/2 łyżki octu winnego
30 ml/2 łyżki cukru
15 ml/1 łyżka sosu sojowego
15 ml/1 łyżka mąki kukurydzianej (skrobi kukurydzianej)
45ml/3 łyżki wody

Rozgrzewamy olej i smażymy kapustę przez 3 minuty. Dodaj sól i kontynuuj smażenie, aż kapusta będzie miękka. Zmieszaj ocet winny, cukier, sos sojowy, mąkę kukurydzianą i wodę na pastę, dodaj do garnka i gotuj na wolnym ogniu, mieszając, aż sos pokryje kapustę.

Słodko-kwaśna czerwona kapusta

Służy 4

30 ml/2 łyżki oleju z orzeszków ziemnych
450 g/1 funt czerwonej kapusty, posiekanej
50 g/2 uncje/¼ szklanki brązowego cukru
45 ml/ 3 łyżki octu winnego
15 ml/1 łyżka sosu sojowego
5 ml/ 1 łyżeczka soli
15 ml/1 łyżka mąki kukurydzianej (skrobi kukurydzianej)

Rozgrzewamy olej i smażymy kapustę przez 4 minuty. Dodać cukier, ocet winny, sos sojowy i sól i smażyć mieszając przez 2 minuty. Mąkę kukurydzianą wymieszać z odrobiną wody i smażyć mieszając przez 1 minutę.

Chrupiące wodorosty

Służy 4

750 g wiosennej zieleniny, bardzo drobno posiekanej
olej do głębokiego smażenia
5 ml/1 łyżeczka soli
10 ml/2 łyżeczki cukru pudru

Opłucz warzywa, a następnie dokładnie osusz. Rozgrzej olej i smaż warzywa partiami na średnim ogniu, aż wypłyną na powierzchnię. Wyjąć z oleju i dobrze odsączyć na papierze kuchennym. Posypać solą i cukrem i delikatnie wymieszać. Podawać na zimno.

Marchewki Z Miodem

Służy 4

1 kg małych wiosennych marchewek
20 ml/4 łyżeczki oleju z orzeszków ziemnych
20 ml/4 łyżeczki niesolonego masła
15ml/1 łyżka wody
10 ml/2 łyżeczki miodu
15 ml/1 łyżka posiekanej świeżej kolendry
100 g jąder sosny
sól i świeżo zmielony pieprz

Umyj marchewki i pokrój zieloną na kawałki o grubości 5 mm. Rozgrzej olej i masło, dodaj wodę i miód i zagotuj. Dodać marchewkę i smażyć około 4 minuty. Dodać kolendrę i pestki sosny, doprawić solą i pieprzem.

Smażona marchewka i papryka

Służy 4

30 ml/2 łyżki oleju z orzeszków ziemnych
2,5 ml/½ łyżeczki soli
4 marchewki, pokrojone w plasterki
1 zielona papryka, pokrojona w paski
30 ml/2 łyżki cukru
15 ml/1 łyżka octu winnego
250 ml/8 uncji/1 filiżanka udka z kurczaka
15 ml/1 łyżka mąki kukurydzianej (skrobi kukurydzianej)

Rozgrzej oliwę i sól, następnie dodaj marchewkę i pieprz i smaż mieszając przez 3 minuty. Dodać cukier, ocet winny i połowę bulionu, doprowadzić do wrzenia, przykryć i gotować na wolnym ogniu przez 5 minut. Do pozostałego bulionu wmieszaj mąkę kukurydzianą, dodaj na patelnię i gotuj na wolnym ogniu, mieszając, aż sos zgęstnieje i będzie klarowny.

Smażony Kalafior

Służy 4

450 g/1 funt różyczek kalafiora
45 ml/3 łyżki oleju z orzeszków ziemnych
1 cebula dymka (szczypiorek), posiekana
120 ml/4 uncji/½ szklanki bulionu z kurczaka
5 ml/1 łyżeczka mąki kukurydzianej (skrobi kukurydzianej)

Kalafior blanszować we wrzącej wodzie przez 2 minuty, a następnie dobrze odcedzić. Rozgrzej olej i podsmaż cebulę dymkę, aż lekko się zarumieni. Dodać kalafior i smażyć mieszając przez 4 minuty. Dodać pozostałe składniki i smażyć mieszając przez 2 minuty.

Kalafior Z Pieczarkami

Służy 4

6 suszonych grzybów chińskich
1 mały kalafior
45 ml/3 łyżki oleju z orzeszków ziemnych
100 g kasztanów wodnych, pokrojonych w plasterki
45 ml/3 łyżki sosu sojowego
15 ml/1 łyżka wina ryżowego lub wytrawnego sherry
5 ml/1 łyżeczka mąki kukurydzianej (skrobi kukurydzianej)
30ml/2 łyżki wody

Grzyby namoczyć w ciepłej wodzie na 30 minut, następnie odcedzić, zachowując 120 ml/½ szklanki płynu. Odrzucić łodygi i pokroić kapelusze. Kalafior pokroić na małe różyczki. Rozgrzewamy olej i smażymy grzyby, aż pokryją się olejem. Dodać kasztany wodne i smażyć mieszając przez 1 minutę. Sos sojowy i wino lub sherry wymieszać z płynem grzybowym i dodać na patelnię z kalafiorem. Doprowadź do wrzenia, przykryj i gotuj na wolnym ogniu przez 5 minut. Mąkę kukurydzianą i wodę zmiksować na pastę, dodać do sosu i dusić, mieszając, aż sos zgęstnieje.

Smażenie selera

Służy 4

30 ml/2 łyżki oleju z orzeszków ziemnych
6 cebul dymki (szalotki), posiekanych
½ główki selera, pokrojonego na kawałki
15 ml/1 łyżka sosu sojowego
5 ml/1 łyżeczka soli

Rozgrzej olej i smaż cebulę dymkę, aż lekko się zarumieni. Dodaj seler i mieszaj, aż pokryje się olejem. Dodać sos sojowy i sól, dobrze wymieszać, przykryć i dusić przez 3 minuty.

Seler i Grzyby

Służy 4

45 ml/3 łyżki oleju z orzeszków ziemnych
6 łodyg selera pokrojonych w ukośne plasterki
225 g grzybów pokrojonych w plasterki
30 ml/2 łyżki wina ryżowego lub wytrawnego sherry
sól i świeżo zmielony pieprz

Rozgrzewamy olej i smażymy seler przez 3 minuty. Dodać grzyby i smażyć mieszając przez 2 minuty. Dodać wino lub sherry i doprawić solą i pieprzem. Smażymy kilka minut, aż się zarumieni.

Smażone chińskie liście

Służy 4

15 ml/1 łyżka oleju z orzeszków ziemnych
1 ząbek czosnku, posiekany
3 cebule dymki (szalotki), posiekane
350 g rozdrobnionych liści chińskich
2,5 ml/½ łyżeczki soli
450 ml/¾ pt wrzącej wody

Rozgrzej oliwę i podsmaż czosnek i cebulę, aż lekko się zarumienią. Dodaj liście chińskie i sól i dobrze wymieszaj. Dodaj wrzącą wodę, ponownie zagotuj, przykryj i gotuj na wolnym ogniu przez około 5 minut, aż chińskie liście będą miękkie, ale nadal chrupiące. Dobrze odcedź.

Chińskie liście w mleku

Służy 4

350 g rozdrobnionych liści chińskich
45 ml/3 łyżki oleju z orzeszków ziemnych
3 cebule dymki (szalotki), posiekane
15 ml/1 łyżka wina ryżowego lub wytrawnego sherry
90 ml/6 łyżek bulionu z kurczaka
sól
90 ml/6 łyżek mleka
15 ml/1 łyżka mąki kukurydzianej (skrobi kukurydzianej)
5 ml/1 łyżeczka oleju sezamowego

Liście chińskie gotuj na parze przez około 5 minut, aż będą miękkie. Rozgrzej olej i smaż cebulę dymkę, aż lekko się zarumieni. Dodaj wino lub sherry i bulion z kurczaka i dopraw solą. Wmieszać kapustę, przykryć i dusić na wolnym ogniu przez 5 minut. Wymieszaj mleko i mąkę kukurydzianą, wlej na patelnię i gotuj na wolnym ogniu, mieszając, przez 2 minuty. Podawać skropione olejem sezamowym.

Chińskie liście z grzybami

Służy 4

50 g suszonych grzybów chińskich
450 g/1 funt chińskich liści
45 ml/3 łyżki oleju z orzeszków ziemnych
120 ml/4 uncji/½ szklanki bulionu z kurczaka
15 ml/1 łyżka sosu sojowego
5 ml/1 łyżeczka soli
5 ml/1 łyżeczka cukru
15 ml/1 łyżka mąki kukurydzianej (skrobi kukurydzianej)
10 ml/2 łyżeczki oleju sezamowego

Grzyby namoczyć w ciepłej wodzie na 30 minut, następnie odcedzić. Odrzuć łodygi i pokrój kapelusze. Pokrój główkę chińskich liści w grube plasterki. Rozgrzej połowę oleju, dodaj liście chińskie i smaż przez 2 minuty, mieszając. Dodać bulion z kurczaka, sos sojowy, sól i cukier i smażyć mieszając przez około 4 minuty. Dodać grzyby i smażyć mieszając, aż warzywa będą miękkie. Mąkę kukurydzianą wymieszać z odrobiną wody, dodać do sosu i dusić, mieszając, aż sos się przejaśni i zgęstnieje. Podawać skropione olejem sezamowym.

Chińskie liście z przegrzebkami

Służy 4

4 serca Chińskie liście
600 ml/1 porcja/2½ szklanki bulionu z kurczaka
100 g przegrzebków łuskanych, pokrojonych w plasterki
5 ml/1 łyżeczka mąki kukurydzianej (skrobi kukurydzianej)

Liście chińskie i bulion umieścić na patelni, doprowadzić do wrzenia i gotować na wolnym ogniu przez około 10 minut, aż będą miękkie. Przenieś liście chińskie na ogrzany talerz i trzymaj je w cieple. Odlej całość oprócz 250 ml/8 uncji/1 filiżanka bulionu. Dodać przegrzebki i dusić kilka minut, aż przegrzebki będą miękkie. Mąkę kukurydzianą rozrabiamy z odrobiną wody, wsypujemy na patelnię i gotujemy, mieszając, aż sos lekko zgęstnieje. Polać liśćmi chińskimi i podawać.

Parowane chińskie liście

Służy 4

450 g/1 funt liści chińskich, oddzielonych
15 ml/1 łyżka mąki kukurydzianej (skrobi kukurydzianej)
5 ml/1 łyżeczka soli
300 ml/½ porcji/1 ¼ szklanki bulionu z kurczaka

Liście ułożyć w żaroodpornej misce, ustawić na kratce w naczyniu do gotowania na parze i gotować na wolnym ogniu przez 15 minut w lekko wrzącej wodzie. W międzyczasie na małym ogniu wymieszaj mąkę kukurydzianą, sól i bulion, doprowadzaj do wrzenia i gotuj na wolnym ogniu, mieszając, aż mieszanina zgęstnieje. Ułóż liście chińskie na ogrzanym talerzu, polej sosem i podawaj.

Chińskie liście z kasztanami wodnymi

Służy 4

450 g/1 funt liści chińskich, rozdrobnionych
45 ml/3 łyżki oleju z orzeszków ziemnych
100 g kasztanów wodnych, pokrojonych w plasterki
250 ml/8 uncji uncji/1 szklanka bulionu z kurczaka
15 ml/1 łyżka sosu sojowego
15 ml/1 łyżka mąki kukurydzianej (skrobi kukurydzianej)
15ml/1 łyżka wody

Blanszuj liście chińskie we wrzącej wodzie przez 2 minuty, a następnie odcedź. Rozgrzej olej i smaż kasztany wodne przez 2 minuty, mieszając. Dodaj liście chińskie i smaż mieszając przez 3 minuty. Dodaj bulion z kurczaka i sos sojowy, zagotuj, przykryj i gotuj na wolnym ogniu przez 5 minut. Mąkę kukurydzianą i wodę wymieszać na pastę, wlać na patelnię i dusić, mieszając, aż sos się przejaśni i zgęstnieje.

Smażona cukinia

Służy 4

45 ml/3 łyżki oleju z orzeszków ziemnych
1 cebula dymka (szczypiorek), posiekana
450 g cukinii (cukinia), pokrojonej w grube plasterki
30 ml/2 łyżki sosu sojowego
5 ml/1 łyżeczka cukru
120 ml/4 uncji/½ szklanki bulionu z kurczaka
5 ml/1 łyżeczka mąki kukurydzianej (skrobi kukurydzianej)

Rozgrzej olej i podsmaż cebulę dymkę, aż lekko się zarumieni. Dodać cukinie i smażyć mieszając przez 3 minuty. Dodać pozostałe składniki i smażyć mieszając przez 4 minuty.

Cukinie w sosie z czarnej fasoli

Służy 4

30 ml/2 łyżki oleju z orzeszków ziemnych
1 ząbek czosnku, zmiażdżony
5 ml/1 łyżeczka soli
15 ml/1 łyżka sosu z fasoli chili
450 g cukinii (cukinia), pokrojonej w grube plasterki
30 ml/2 łyżki wina ryżowego lub wytrawnego sherry
45ml/3 łyżki wody
15 ml/1 łyżka oleju sezamowego

Rozgrzej oliwę i podsmaż przez kilka sekund czosnek, sól i sos z fasoli chili. Dodać cukinie i smażyć mieszając przez 3 minuty, aż lekko się zarumienią. Dodać pozostałe składniki, w tym olej sezamowy do smaku i smażyć mieszając przez 1 minutę.

Nadziewane Ukąszenia Cukinii

Służy 4

4 duże cukinie (cukinia)
225 g mielonej (mielonej) wieprzowiny
225 g mięsa kraba w płatkach
2 jajka, ubite
30 ml/2 łyżki sosu sojowego
30 ml/2 łyżki sosu ostrygowego
szczypta mielonego imbiru
sól i świeżo zmielony pieprz
75 ml/5 łyżek mąki kukurydzianej (skrobi kukurydzianej)
50 g / 2 uncje / ½ szklanki bułki tartej
olej do głębokiego smażenia

Cukinie przekrój wzdłuż na pół i łyżką usuń nasiona i gniazda nasienne. Wymieszaj wieprzowinę, mięso kraba, jajka, sosy, imbir, sól i pieprz. Wymieszać z mąką kukurydzianą i bułką tartą. Przykryj i schłódź przez 30 minut. Powstałą mieszanką napełnij cukinie, a następnie pokrój je na kawałki. Rozgrzej olej i smaż cukinie na złoty kolor. Przed podaniem odsączyć na papierze kuchennym.

Ogórek Z Krewetkami

Służy 4

45 ml/3 łyżki oleju z orzeszków ziemnych
100 g obranych krewetek
1 ogórek, obrany i pokrojony w grube plasterki
30 ml/2 łyżki sosu sojowego
5 ml/1 łyżeczka wina ryżowego lub wytrawnego sherry
5 ml/1 łyżeczka brązowego cukru
sól
45ml/3 łyżki wody

Rozgrzej olej i smaż krewetki przez 30 sekund, mieszając. Dodać ogórek i smażyć mieszając przez 1 minutę. Dodać sos sojowy, wino lub sherry i cukier, doprawić solą. Smażyć przez 3 minuty, w razie potrzeby dodając trochę wody. Natychmiast podawaj.

Ogórki Z Olejem Sezamowym

Służy 4

1 duży ogórek

sól

30 ml/2 łyżki oleju sezamowego

2,5 ml/½ łyżeczki cukru

Ogórka obierz i przekrój wzdłuż na pół. Wydrąż nasiona, a następnie pokrój w grube plasterki. Plasterki ogórka ułożyć na durszlaku i obficie posypać solą. Pozostaw na 1 godzinę, a następnie wyciśnij jak najwięcej wilgoci. Rozgrzej olej i smaż ogórki przez 2 minuty, aż zmiękną. Wsypać cukier i od razu podawać.

Nadziewane Ogórki

Służy 4

225 g mielonej (mielonej) wieprzowiny
1 jajko, ubite
30 ml/2 łyżki mąki kukurydzianej (skrobi kukurydzianej)
15 ml/1 łyżka wina ryżowego lub wytrawnego sherry
30 ml/2 łyżki sosu sojowego
sól i świeżo zmielony pieprz
2 duże ogórki
30 ml/2 łyżki mąki zwykłej (uniwersalnej).
45 ml/3 łyżki oleju z orzeszków ziemnych
150 ml/¼ porcji/obfite ½ szklanki bulionu z kurczaka
30ml/2 łyżki wody

Wymieszaj wieprzowinę, jajko, połowę mąki kukurydzianej, wino lub sherry i połowę sosu sojowego, dopraw solą i pieprzem. Obierz ogórki, a następnie pokrój je w kawałki o wielkości 5 cm. Z części nasion wydrążamy wgłębienia, które wypełniamy farszem i dociskamy. Oprószyć mąką. Rozgrzej olej i smaż kawałki ogórka farszem do dołu, aż się lekko zrumienią. Odwróć się i smaż, aż druga strona się zarumieni. Dodać bulion i sos sojowy, doprowadzić do wrzenia, przykryć i dusić przez 20 minut do miękkości, od czasu do czasu obracając. Przełożyć ogórki na podgrzany talerz. Pozostałą mąkę kukurydzianą wymieszać z wodą, wsypać na patelnię i dusić, mieszając, aż sos się przejaśni i zgęstnieje. Polać ogórkami i podawać.

Smażone liście mniszka lekarskiego

Służy 4

30 ml/2 łyżki oleju z orzeszków ziemnych
450 g/1 funt liści mniszka lekarskiego
5 ml/1 łyżeczka soli
15 ml/1 łyżka cukru

Rozgrzej olej, dodaj liście mniszka lekarskiego, sól i cukier i smaż, mieszając, na umiarkowanym ogniu przez 5 minut. Podawać na raz.

Duszona Sałata

Służy 4

1 główka chrupiącej sałaty
15 ml/1 łyżka oleju z orzeszków ziemnych
2,5 ml/½ łyżeczki soli
1 ząbek czosnku, zmiażdżony
60 ml/4 łyżki bulionu z kurczaka
5 ml/1 łyżeczka sosu sojowego

Sałatę podziel na liście. Rozgrzej oliwę i podsmaż sól i czosnek, aż lekko się zarumienią. Dodaj sałatę i smaż przez 1 minutę, mieszając, aby sałata pokryła się olejem. Dodać bulion i dusić przez 2 minuty. Podawać skropione sosem sojowym.

Sałata Smażona Z Imbirem

Służy 4

45 ml/3 łyżki oleju z orzeszków ziemnych
2 ząbki czosnku, zmiażdżone
1 cm/½ plasterka korzenia imbiru, drobno posiekanego
1 główka sałaty, posiekana

Rozgrzej oliwę i podsmaż czosnek i imbir na jasnozłoty kolor. Dodaj sałatę i smaż mieszając przez około 2 minuty, aż będzie błyszcząca i lekko zwiędnięta. Podawać na raz.

Mangetout z pędami bambusa

Służy 4

30 ml/2 łyżki oleju z orzeszków ziemnych
100 g mielonej (mielonej) wieprzowiny
100 g grzybów
225 g pędów bambusa, pokrojonych w plasterki
225 g/8 uncji mangetout (groszek śnieżny)
15 ml/1 łyżka sosu sojowego
15 ml/1 łyżka mąki kukurydzianej (skrobi kukurydzianej)
5 ml/1 łyżeczka cukru
120 ml/4 uncji/½ szklanki bulionu z kurczaka

Rozgrzej olej i smaż wieprzowinę, aż będzie lekko rumiana. Dodaj grzyby i pędy bambusa i smaż przez 2 minuty, mieszając. Dodaj mangetout i smaż mieszając przez 2 minuty. Posyp sosem sojowym. Mąkę kukurydzianą, cukier i bulion wymieszać na pastę, wlać na patelnię i dusić, mieszając, aż sos zgęstnieje.

Mangetout Z Pieczarkami I Imbirem

Służy 4

45 ml/3 łyżki oleju z orzeszków ziemnych
3 cebule dymki (szalotki), pokrojone w plasterki
1 plasterek korzenia imbiru, posiekany
225 g grzybów przekrojonych na połówki
300 ml/½ porcji/1¼ szklanki bulionu z kurczaka
10 ml/2 łyżeczki mąki kukurydzianej (skrobi kukurydzianej)
15ml/1 łyżka wody
15 ml/1 łyżka sosu ostrygowego
225 g/8 uncji mangetout (groszek śnieżny)

Rozgrzej olej i podsmaż cebulę dymkę i imbir, aż lekko się zarumienią. Dodać grzyby i smażyć mieszając przez 3 minuty. Dodać bulion, doprowadzić do wrzenia, przykryć i dusić przez 3 minuty. Mąkę kukurydzianą zmiksować na pastę z wodą i sosem ostrygowym, wlać na patelnię i dusić, mieszając, aż sos zgęstnieje. Dodaj mangetout i podgrzej przed podaniem.

Chiński szpik

Służy 4

60 ml/4 łyżki oleju z orzeszków ziemnych
450 g szpiku kostnego pokrojonego w cienkie plasterki
30 ml/2 łyżki sosu sojowego
10 ml/2 łyżeczki soli
świeżo zmielony pieprz

Rozgrzej olej i smaż plastry dyni przez 2 minuty. Dodać sos sojowy, sól i szczyptę pieprzu i smażyć mieszając przez kolejne 4 minuty.

Nadziewany szpik

Służy 4

450 g filetów rybnych w płatkach
5 ml/1 łyżeczka soli
2 cebule dymki (szalotki), posiekane
100 g wędzonej szynki, posiekanej
50 g/2 uncji/½ szklanki posiekanych migdałów
1 szpik przekrojony na pół
olej do głębokiego smażenia
250 ml/8 uncji uncji/1 szklanka bulionu z kurczaka
30 ml/2 łyżki mąki kukurydzianej (skrobi kukurydzianej)
15 ml/1 łyżka sosu sojowego
5 ml/1 łyżeczka cukru
60ml/4 łyżki wody
5 ml/1 łyżeczka oleju sezamowego
15 ml/1 łyżka posiekanej natki pietruszki płaskolistnej

Wymieszaj rybę, sól, dymkę, szynkę i migdały. Wydrąż nasiona szpiku i część miąższu, tworząc wgłębienie. Wciśnij mieszaninę rybną do szpiku. Rozgrzej olej i smaż w głębokim tłuszczu połówki szpiku, w razie potrzeby jedną na raz, aż uzyskają złoty kolor. Przełożyć na czystą patelnię i dodać bulion. Doprowadzić do wrzenia, przykryć i gotować na wolnym ogniu przez 40 minut. Zmieszaj mąkę kukurydzianą, sos sojowy, cukier, wodę i olej sezamowy na pastę, wlej na patelnię i gotuj na wolnym ogniu, mieszając, aż sos się przejaśni i zgęstnieje. Podawać udekorowane natką pietruszki.

Pieczarki Z Sosem Anchois

Służy 4

15 ml/1 łyżka oleju z orzeszków ziemnych
450 g pieczarek
2 szalotki, pokrojone w plasterki
1 łodyga trawy cytrynowej, posiekana
1 duży pomidor, pokrojony w kostkę
60 ml/4 łyżki posiekanej natki pietruszki płaskolistnej
20 ml/4 łyżeczki pasty anchois
50 g/2 uncje/½ szklanki masła
sól i świeżo zmielony pieprz
4 kromki chleba
8 filetów anchois

Rozgrzej oliwę i podsmaż grzyby, szalotkę i trawę cytrynową, aż lekko się zarumienią. Dodaj pomidora i połowę natki pietruszki i dobrze wymieszaj. Wymieszaj pastę anchois z masłem pokrojonym w płatki. Doprawić solą i pieprzem. Podpiecz chleb i posyp pozostałą natką pietruszki. Na wierzchu ułóż filety z sardeli i podawaj z grzybami.

Grzyby i pędy bambusa

Służy 4

45 ml/3 łyżki oleju z orzeszków ziemnych
5 ml/1 łyżeczka soli
1 ząbek czosnku, zmiażdżony
225 g pędów bambusa, pokrojonych w plasterki
225 g grzybów pokrojonych w plasterki
45 ml/3 łyżki sosu sojowego
15 ml/1 łyżka wina ryżowego lub wytrawnego sherry
15 ml/1 łyżka cukru
15 ml/1 łyżka mąki kukurydzianej (skrobi kukurydzianej)
90 ml/6 łyżek bulionu z kurczaka

Rozgrzej oliwę i podsmaż sól i czosnek, aż czosnek zmieni kolor na jasnozłoty. Dodaj pędy bambusa i grzyby i smaż mieszając przez 3 minuty. Dodaj sos sojowy, wino lub sherry i cukier i smaż przez 3 minuty, mieszając. Wymieszaj mąkę kukurydzianą z bulionem i wlej na patelnię. Mieszając, doprowadzić do wrzenia, po czym gotować kilka minut, aż sos zgęstnieje i się przejaśni.

Grzyby z pędami bambusa i mangetoutem

Służy 4

8 suszonych grzybów chińskich
30 ml/2 łyżki oleju z orzeszków ziemnych
100 g/4 uncje mangetout (groszek śnieżny)
100 g pędów bambusa, pokrojonych w plasterki
60 ml/4 łyżki bulionu
30 ml/2 łyżki sosu sojowego
5 ml/1 łyżeczka cukru

Grzyby namoczyć w ciepłej wodzie na 30 minut, następnie odcedzić. Odrzucić łodygi i pokroić kapelusze. Rozgrzej olej i smaż mangetout przez około 30 sekund, a następnie zdejmij z patelni. Dodaj grzyby i pędy bambusa i smaż, aż pokryją się olejem. Dodać bulion, sos sojowy i cukier, doprowadzić do wrzenia, przykryć i dusić na wolnym ogniu przez 3 minuty. Włóż mangetout z powrotem na patelnię i gotuj na wolnym ogniu bez przykrycia, aż się rozgrzeje. Podawać na raz.

Grzyby Z Mangetoutem

Służy 4

30 ml/2 łyżki oleju z orzeszków ziemnych
225 g pieczarek
450 g/1 funt mangetoutu (groszek śnieżny)
15 ml/1 łyżka sosu sojowego
10 ml/2 łyżeczki oleju sezamowego
5 ml/1 łyżeczka brązowego cukru

Rozgrzać olej i smażyć grzyby przez 5 minut. Dodaj mangetout i smaż mieszając przez 1 minutę. Dodać pozostałe składniki i smażyć mieszając przez 4 minuty.

Pikantne Grzyby

Służy 4

15 ml/1 łyżka oleju z orzeszków ziemnych
1 ząbek czosnku, drobno posiekany
1 plasterek korzenia imbiru, posiekany
2 cebule dymki (szalotki), posiekane
225 g pieczarek
15 ml/1 łyżka sosu hoisin
15 ml/1 łyżka wina ryżowego lub wytrawnego sherry
45 ml/3 łyżki bulionu z kurczaka
5 ml/1 łyżeczka oleju sezamowego

Rozgrzej olej i smaż czosnek, imbir i dymkę przez 2 minuty. Dodać grzyby i smażyć mieszając przez 2 minuty. Dodać pozostałe składniki i smażyć mieszając przez 5 minut.

Grzyby Na Parze

Służy 4

18 suszonych grzybów chińskich
450 ml/¾ pt./2 szklanki bulionu
30 ml/2 łyżki oleju z orzeszków ziemnych
5 ml/1 łyżeczka cukru

Grzyby namoczyć w ciepłej wodzie na 30 minut, następnie odcedzić, zachowując 250 ml/1 szklankę płynu do namaczania. Wyrzuć łodygi i ułóż czapki w żaroodpornej misce. Dodać pozostałe składniki, miskę postawić na kratce w parowarze, przykryć i gotować na parze nad wrzącą wodą około 1 godziny.

Grzyby Nadziewane Na Parze

Służy 4

450 g/1 funt dużych grzybów
225 g mielonej (mielonej) wieprzowiny
225 g obranych krewetek, drobno posiekanych
4 kasztany wodne, drobno posiekane
15 ml/1 łyżka mąki kukurydzianej (skrobi kukurydzianej)
5 ml/1 łyżeczka soli
5 ml/1 łyżeczka cukru
30 ml/2 łyżki sosu sojowego
120 ml/4 uncje/½ filiżanki

Usuń łodygi z grzybów. Łodygi pokroić i wymieszać z pozostałymi składnikami. Ułóż kapelusze grzybów na żaroodpornym talerzu i napełnij farszem, dociskając go do kształtu kopuły. Na każdą z nich nałóż odrobinę bulionu, zachowując trochę bulionu. Połóż talerz na stojaku w naczyniu do gotowania na parze, przykryj i gotuj na parze nad delikatnie gotującą się wodą przez około 45 minut, aż grzyby będą ugotowane, w trakcie gotowania podlewając niewielką ilością bulionu, jeśli to konieczne.

Grzyby Słomiane W Sosie Ostrygowym

Służy 4

15 ml/1 łyżka oleju z orzeszków ziemnych
225 g grzybów słomianych
120 ml/4 uncji/½ szklanki bulionu z kurczaka
2,5 ml/½ łyżeczki cukru
5 ml/1 łyżeczka sosu ostrygowego
5 ml/1 łyżeczka mąki kukurydzianej (skrobi kukurydzianej)
15ml/1 łyżka wody

Rozgrzej olej i delikatnie smaż grzyby, aż będą dobrze pokryte. Dodaj bulion, cukier i sos ostrygowy, zagotuj i gotuj na wolnym ogniu, aż grzyby będą miękkie. Mąkę kukurydzianą i wodę wymieszać na pastę, wlać na patelnię i dusić, mieszając, aż sos się przejaśni i zgęstnieje.

Pieczona Cebula

Służy 4

8 dużych cebul
sól i świeżo zmielony pieprz
30 ml/2 łyżki oleju z orzeszków ziemnych
120 ml/4 uncji/½ szklanki wody
15 ml/1 łyżka mąki kukurydzianej (skrobi kukurydzianej)
15 ml/1 łyżka posiekanej świeżej natki pietruszki

Włóż cebulę na patelnię i po prostu zalej wrzącą, osoloną wodą. Przykryj i gotuj przez 5 minut, a następnie odcedź. Cebulę ułóż w naczyniu żaroodpornym, dopraw solą i pieprzem i posmaruj olejem. Wlać wodę, przykryć i piec w piekarniku nagrzanym do 190°C/375°F/gaz, stopień 5, przez 1 godzinę. Mąkę kukurydzianą wymieszaj z odrobiną wody i wymieszaj z płynem cebulowym. Piec kolejne 5 minut, od czasu do czasu mieszając, aż sos zgęstnieje. Podawać udekorowane natką pietruszki.

Curry Cebula Z Groszkiem

Służy 4

450 g/1 funt cebuli perłowej

10 ml/2 łyżeczki soli

225 g groszku

45 ml/3 łyżki oleju z orzeszków ziemnych

10 ml/2 łyżeczki curry

świeżo zmielony pieprz

Umieść cebulę na patelni i po prostu zalej wrzącą wodą. Doprawić 5 ml/1 łyżeczką soli i gotować 5 minut. Przykryj i gotuj przez kolejne 10 minut. Dodaj groszek i gotuj przez kolejne 5 minut, a następnie odcedź. Rozgrzej olej i smaż curry, pozostałą sól i pozostały pieprz przez 30 sekund. Dodaj odsączone warzywa i smaż, aż będą gorące i posmarowane olejem curry.

Cebula perłowa w sosie pomarańczowo-imbirowym

Służy 4

3 pomarańcze
2 czerwone papryczki chili
15 ml/1 łyżka oleju z orzechów włoskich
450 g/1 funt cebuli perłowej
1 plasterek korzenia imbiru, posiekany
10 ml/2 łyżeczki cukru
10 ml/2 łyżeczki octu jabłkowego
15 ml/1 łyżka ziaren czerwonego pieprzu
sól
5 ml/1 łyżeczka otartej skórki z cytryny
kilka liści kolendry

Za pomocą tarki pokrój skórkę pomarańczową w wąskie paski. Pomarańcze przekrój na pół i wyciśnij sok. Papryczki chili przekrój na pół i usuń nasiona. Rozgrzej olej i smaż cebulę, imbir i papryczkę chili przez 1 minutę. Dodaj cukier i gotuj na wolnym ogniu, aż cebula stanie się przezroczysta. Wymieszaj sok pomarańczowy, ocet jabłkowy, ziarna pieprzu i skórkę pomarańczową i dopraw solą. Dodaj skórkę z cytryny i większość liści kolendry. Ułożyć na ogrzanym talerzu i udekorować pozostałymi liśćmi kolendry.

Krem Cebulowy

Służy 4

4 plastry boczku
450 g/1 funt cebuli, pokrojonej w plasterki
50 g/2 uncje/½ szklanki mąki kukurydzianej (skrobi kukurydzianej)
2 jajka, lekko ubite
120 ml/4 uncji/½ szklanki wody
szczypta startej gałki muszkatołowej
10 ml/2 łyżeczki soli

Boczek podsmażamy aż będzie chrupiący, następnie odcedzamy i siekamy. Dodaj cebulę na patelnię i smaż, aż zmięknie. Mąkę kukurydzianą ubić z jajkami i wodą, doprawić gałką muszkatołową i solą. Boczek wymieszać z cebulą i ułożyć w natłuszczonym naczyniu żaroodpornym. Posmaruj masą jajeczną i umieść naczynie w brytfance do połowy wypełnionej wodą. Piec w piekarniku nagrzanym do temperatury 180°C/350°F/stopień gazu 4 przez 45 minut, aż krem się zetnie.

Pak Choi

Służy 4

45 ml/3 łyżki oleju z orzeszków ziemnych
2 cebule dymki (szalotki), posiekane
450 g/1 funt pak choi, posiekanego
15 ml/1 łyżka sosu sojowego
2,5 ml/½ łyżeczki cukru
120 ml/4 uncji/½ szklanki bulionu z kurczaka
5 ml/1 łyżeczka mąki kukurydzianej (skrobi kukurydzianej)

Rozgrzej olej i smaż cebulę dymkę, aż lekko się zarumieni. Dodaj pak choi i smaż mieszając przez 3 minuty. Dodać pozostałe składniki i smażyć mieszając przez 2 minuty.

Groch Z Pieczarkami

Służy 4

45 ml/3 łyżki oleju z orzeszków ziemnych
1 cebula dymka (szczypiorek), posiekana
225 g grzybów przekrojonych na połówki
225 g mrożonego groszku
30 ml/2 łyżki sosu sojowego
5 ml/1 łyżeczka cukru
120 ml/4 uncji/½ szklanki bulionu z kurczaka
5 ml/1 łyżeczka mąki kukurydzianej (skrobi kukurydzianej)

Rozgrzej olej i podsmaż cebulę dymkę, aż lekko się zarumieni. Dodać grzyby i smażyć mieszając przez 3 minuty. Dodać groszek i smażyć mieszając przez 4 minuty. Dodać pozostałe składniki i smażyć mieszając przez 2 minuty.

Smażona Papryka

Służy 4

30 ml/2 łyżki oleju z orzeszków ziemnych
2 zielone papryki, pokrojone w kostkę
2 czerwone papryki, pokrojone w kostkę
15 ml/1 łyżka bulionu z kurczaka lub woda
5 ml/1 łyżeczka soli
5 ml/1 łyżeczka brązowego cukru

Rozgrzej oliwę, aż będzie bardzo gorąca, dodaj paprykę i smaż, mieszając, aż skórka lekko się zmarszczy. Dodać bulion lub wodę, sól i cukier i smażyć mieszając przez 2 minuty.

Smażona papryka i fasola

Służy 4

30 ml/2 łyżki oleju z orzeszków ziemnych
2 ząbki czosnku, zmiażdżone
5 ml/1 łyżeczka soli
2 czerwone papryki, pokrojone w paski
225 g Fasola francuska
5 ml/1 łyżeczka cukru
30ml/2 łyżki wody

Rozgrzej olej i smaż czosnek, sól, paprykę i fasolę przez 3 minuty. Dodaj cukier i wodę i smaż mieszając przez około 5 minut, aż warzywa będą miękkie, ale nadal chrupiące.

Papryka Nadziewana Rybą

Służy 4

225 g filetów rybnych w płatkach
2 cebule dymki (szalotki), posiekane
30 ml/2 łyżki mąki kukurydzianej (skrobi kukurydzianej)
15 ml/1 łyżka oleju z orzeszków ziemnych
30ml/2 łyżki wody
sól i świeżo zmielony pieprz
4 zielone papryki
120 ml/4 uncji/½ szklanki bulionu z kurczaka
2,5 ml/½ łyżeczki soli
60ml/4 łyżki wody

Wymieszaj rybę, dymkę, połowę mąki kukurydzianej, olej i wodę, dopraw solą i pieprzem. Z papryk odkrawamy wierzchołki i wybieramy gniazda nasienne. Wypełnij mieszanką farszu i załóż wierzchy jako pokrywki. Postaw paprykę pionowo na patelni i dodaj bulion. Doprowadzić do wrzenia i doprawić solą i pieprzem. Przykryj i gotuj na wolnym ogniu przez 1 godzinę. Przełożyć paprykę na ogrzany półmisek. Pozostałą mąkę kukurydzianą i wodę zmiksuj na pastę, wlej na patelnię i zagotuj. Gotuj, mieszając, aż sos się klaruje i zgęstnieje. Polać papryką i od razu podawać.

Papryka Nadziewana Wieprzowiną

Służy 4

30 ml/2 łyżki oleju z orzeszków ziemnych

225 g mielonej (mielonej) wieprzowiny

2 cebule dymki (szalotki), posiekane

4 posiekane kasztany wodne

30 ml/2 łyżki sosu sojowego

sól i świeżo zmielony pieprz

4 zielone papryki

120 ml/4 uncji/½ szklanki bulionu z kurczaka

2,5 ml/½ łyżeczki soli

15 ml/1 łyżka mąki kukurydzianej (skrobi kukurydzianej)

60ml/4 łyżki wody

Rozgrzej olej i podsmaż wieprzowinę, dymkę i kasztany wodne, aż się lekko zrumienią. Zdjąć z ognia, wymieszać połowę sosu sojowego i doprawić solą i pieprzem. Z papryk odkrawamy wierzchołki i wybieramy gniazda nasienne. Wypełnij mieszanką farszu i załóż wierzchy jako pokrywki. Postaw paprykę pionowo na patelni i dodaj bulion. Doprowadzić do wrzenia i doprawić solą i pieprzem. Przykryj i gotuj na wolnym ogniu przez 1 godzinę. Przełożyć paprykę na ogrzany półmisek. Zmieszaj mąkę kukurydzianą, pozostały sos sojowy i wodę na pastę, wmieszaj na patelnię i zagotuj. Gotuj, mieszając, aż sos się klaruje i zgęstnieje. Polać papryką i od razu podawać.

Papryka Nadziewana Warzywami

Służy 4

30 ml/2 łyżki oleju z orzeszków ziemnych

2 marchewki, starte

1 cebula, starta

45 ml/3 łyżki ketchupu pomidorowego (catsup)

5 ml/1 łyżeczka cukru

sól i świeżo zmielony pieprz

4 zielone papryki

120 ml/4 uncji/½ szklanki bulionu z kurczaka

2,5 ml/½ łyżeczki soli

15 ml/1 łyżka mąki kukurydzianej (skrobi kukurydzianej)

15 ml/1 łyżka sosu sojowego

60ml/4 łyżki wody

Rozgrzej olej i smaż marchewkę i cebulę, aż lekko zmiękną. Zdjąć z ognia i wymieszać z ketchupem pomidorowym i cukrem. Doprawić solą i pieprzem. Z papryk odkrawamy wierzchołki i wybieramy gniazda nasienne. Wypełnij mieszanką farszu i załóż wierzchy jako pokrywki. Postaw paprykę pionowo na patelni i dodaj bulion. Doprowadzić do wrzenia i doprawić solą i pieprzem. Przykryj i gotuj na wolnym ogniu przez 1 godzinę. Przełożyć paprykę na ogrzany półmisek. Zmiksuj mąkę kukurydzianą, sos sojowy i wodę na pastę, wlej na patelnię i zagotuj. Gotuj, mieszając, aż sos się klaruje i zgęstnieje. Polać papryką i od razu podawać.

Smażone Ziemniaki i Marchew

Służy 4

2 marchewki, pokrojone w kostkę
450 g ziemniaków/1 funt
15 ml/1 łyżka mąki kukurydzianej (skrobi kukurydzianej)
olej do głębokiego smażenia
30 ml/2 łyżki oleju z orzeszków ziemnych
5 ml/1 łyżeczka soli
15 ml/1 łyżka wina ryżowego lub wytrawnego sherry
120 ml/4 uncji/½ szklanki bulionu z kurczaka
5 ml/1 łyżeczka cukru
5 ml/1 łyżeczka sosu sojowego

Marchewkę blanszujemy we wrzącej wodzie przez 3 minuty, a następnie odcedzamy. Ziemniaki pokroić w kostkę i posypać odrobiną mąki kukurydzianej. Rozgrzej olej i smaż na głębokim tłuszczu, aż będzie chrupiący, a następnie odcedź. Rozgrzej olej i sól i smaż marchewki, mieszając, aż pokryją się olejem. Dodać wino lub sherry i bulion, doprowadzić do wrzenia, przykryć i gotować na wolnym ogniu przez 2 minuty. Pozostałą mąkę kukurydzianą zmiksuj na pastę z cukrem i sosem sojowym. Wlać na patelnię i dusić, mieszając, aż sos zgęstnieje. Dodać ziemniaki i ponownie podgrzać. Podawać na raz.

Smażony Ziemniak

Służy 4

350 g ziemniaków, obranych i pokrojonych w zapałki
30 ml/2 łyżki oleju z orzeszków ziemnych
1 ząbek czosnku, zmiażdżony
3 cebule dymki (szalotki), posiekane
15 ml/1 łyżka sosu sojowego
5 ml/1 łyżeczka octu winnego
sól i świeżo zmielony pieprz

Ziemniaki blanszować we wrzącej wodzie przez 20 sekund, następnie odcedzić. Rozgrzej oliwę i podsmaż czosnek i cebulę, aż się lekko zrumienią. Dodać ziemniaki i smażyć mieszając przez 2 minuty. Dodać sos sojowy i ocet winny, doprawić do smaku solą i pieprzem. Smaż kilka minut, aż ziemniaki będą ugotowane i lekko zarumienione.

Przyprawione Ziemniaki

Służy 4

30 ml/2 łyżki oleju z orzeszków ziemnych
350 g ziemniaków, obranych i pokrojonych w kostkę
1 ząbek czosnku, zmiażdżony
2,5 ml/½ łyżeczki soli
2 cebule dymki (szalotki), posiekane
2 suszone papryczki chili, pozbawione nasion i posiekane

Rozgrzej olej i smaż ziemniaki na lekko złocisty kolor. Zdejmij je z patelni. Rozgrzej oliwę i podsmaż czosnek, sól, dymkę i papryczki chili, aż się lekko zrumienią. Ziemniaki włóż z powrotem na patelnię i smaż mieszając, aż ziemniaki będą ugotowane.

Dynia Z Makaronem Ryżowym

Służy 4

350 g makaronu ryżowego
15 ml/1 łyżka oleju z orzeszków ziemnych
2 cebule dymki (szalotki), pokrojone w plasterki
225 g dyni pokrojonej w kostkę
250 ml/8 uncji uncji/1 szklanka bulionu z kurczaka
2,5 ml/½ łyżeczki cukru
sól i świeżo zmielony pieprz
100 g obranych krewetek

Makaron blanszować we wrzącej wodzie przez 2 minuty, następnie odcedzić. Rozgrzej olej i smaż cebulę dymkę przez 30 sekund. Dodać dynię i smażyć mieszając przez 1 minutę. Dodajemy bulion i makaron, doprowadzamy do wrzenia i gotujemy bez przykrycia około 5 minut, aż dynia będzie prawie ugotowana. Dodać cukier i doprawić solą i pieprzem. Gotuj na wolnym ogniu przez około 10 minut, aż makaron będzie miękki, a płyn lekko się zredukuje. Dodaj krewetki i podgrzej przed podaniem.

Szalotki w Piwie Słodowym

Służy 4

15 ml/1 łyżka oleju z orzechów włoskich
450 g/1 funt szalotki
10 ml/2 łyżeczki brązowego cukru
5 ml/1 łyżeczka ziaren czerwonego pieprzu
250 ml/8 uncji/1 szklanka piwa słodowego
45 ml/3 łyżki octu balsamicznego
sól i świeżo zmielony pieprz
2,5 ml/½ łyżeczki papryki
1 roszponka

Rozgrzej olej i smaż szalotki na złoty kolor. Dodaj cukier i smaż mieszając, aż będzie przezroczysty. Dodaj ziarna pieprzu, piwo i ocet balsamiczny i gotuj na wolnym ogniu przez 1 minutę. Doprawić solą, pieprzem i papryką. Ułóż liście sałaty wokół krawędzi podgrzanego talerza i połóż szalotkę na środku.

Szpinak Z Czosnkiem

Służy 4

30 ml/2 łyżki oleju z orzeszków ziemnych
450 g/1 funt liści szpinaku
2,5 ml/½ łyżeczki soli
3 ząbki czosnku, zmiażdżone
15 ml/1 łyżka sosu sojowego

Rozgrzać olej, dodać szpinak i sól, smażyć mieszając przez 3 minuty, aż szpinak zacznie więdnąć. Dodaj czosnek i sos sojowy i smaż mieszając przez 3 minuty przed podaniem.

Szpinak Z Pieczarkami

Porcja 4–6

8 suszonych grzybów chińskich
75 ml/5 łyżek oleju z orzeszków ziemnych
60 ml/4 łyżki sosu sojowego
15 ml/1 łyżka wina ryżowego lub wytrawnego sherry
5 ml/1 łyżeczka cukru
sól
15 ml/1 łyżka mąki kukurydzianej (skrobi kukurydzianej)
15ml/1 łyżka wody
450 g/1 funt szpinaku

Grzyby namoczyć w ciepłej wodzie na 30 minut, następnie odcedzić, zachowując 120 ml/4 uncji/½ szklanki płynu do namaczania. Odrzuć łodygi i przekrój kapelusze na pół, jeśli są duże. Rozgrzać połowę oleju i smażyć grzyby przez 2 minuty. Dodaj sos sojowy, wino lub sherry, cukier i szczyptę soli i dobrze wymieszaj. Dodać płyn grzybowy, doprowadzić do wrzenia, przykryć i dusić przez 10 minut. Mąkę kukurydzianą i wodę zmiksować na pastę, dodać do sosu i dusić, mieszając, aż sos zgęstnieje. Pozostawić na bardzo małym ogniu, żeby się rozgrzało. W międzyczasie na osobnej patelni rozgrzej pozostały olej, dodaj szpinak i smaż mieszając przez około 2 minuty, aż zmięknie. Przełóż do ogrzanego naczynia, polej grzybami i podawaj.

Szpinak Z Imbirem

Służy 4

30 ml/2 łyżki oleju z orzeszków ziemnych
1 plasterek korzenia imbiru, posiekany
1 ząbek czosnku, zmiażdżony
5 ml/1 łyżeczka soli
450 g/1 funt szpinaku
5 ml/1 łyżeczka cukru
10 ml/2 łyżeczki oleju sezamowego

Rozgrzej olej i podsmaż imbir, czosnek i sól, aż lekko się zarumienią. Dodać szpinak i smażyć mieszając przez 3 minuty, aż zwiędnie. Dodać cukier i olej sezamowy i smażyć mieszając przez 3 minuty. Podawać na gorąco lub na zimno.

Szpinak Z Orzeszkami ziemnymi

Służy 4

30 ml/2 łyżki orzeszków ziemnych
450 g/1 funt szpinaku, rozdrobnionego
2,5 ml/½ łyżeczki soli
100 g wędzonej szynki, posiekanej
15 ml/1 łyżka oleju z orzeszków ziemnych

Orzeszki ziemne prażymy na suchej patelni, a następnie grubo je siekamy. Szpinak blanszować we wrzącej wodzie przez 2 minuty, następnie dobrze odcedzić i posiekać. Wymieszaj orzeszki ziemne, sól, szynkę i olej i podawaj od razu.

Warzywne Chow Mein

Służy 4

6 suszonych grzybów chińskich
450 g/1 funt szpinaku
45 ml/3 łyżki oleju z orzeszków ziemnych
100 g pędów bambusa, pokrojonych w plasterki
2,5 ml/½ łyżeczki soli
30 ml/2 łyżki sosu sojowego
makaron smażony na miękko

Grzyby namoczyć w ciepłej wodzie na 30 minut, następnie odcedzić. Odrzucić łodygi i pokroić kapelusze. Przekrój liście szpinaku na połówki. Rozgrzej olej i smaż grzyby i pędy bambusa przez 4 minuty. Dodać szpinak, sól i sos sojowy i smażyć mieszając przez 1 minutę. Dodać odcedzony makaron i delikatnie wymieszać, aż się rozgrzeje.

Wymieszane warzywa

Służy 4

2 cebule
30 ml/2 łyżki oleju z orzeszków ziemnych
15 ml/1 łyżka startego korzenia imbiru
225 g różyczek brokułów
225 g szpinaku, posiekanego
225 g/8 uncji mangetout (groszek śnieżny)
4 łodygi selera, pokrojone ukośnie
6 dymek (szalotek), pokrojonych w ukośne plasterki
175 ml/6 uncji/¾ szklanki bulionu warzywnego

Cebulę pokroić w krążki i rozdzielić warstwy. Rozgrzej olej i smaż cebulę, imbir i brokuły przez 1 minutę. Dodać pozostałe warzywa i lekko wymieszać. Dodaj bulion i mieszaj, aż warzywa zostaną całkowicie pokryte. Doprowadź do wrzenia, przykryj i gotuj na wolnym ogniu przez 3 minuty, aż warzywa będą miękkie, ale nadal chrupiące.

Mieszane Warzywa Z Imbirem

Służy 4

100 g różyczek kalafiora
45 ml/3 łyżki oleju z orzeszków ziemnych
2 plasterki korzenia imbiru, posiekane
1 cebula dymka (szczypiorek), posiekana
100 g pędów bambusa, pokrojonych w plasterki
100 g grzybów pokrojonych w plasterki
100 g kapusty pekińskiej, posiekanej
30 ml/2 łyżki sosu sojowego
120 ml/4 uncji/½ szklanki bulionu z kurczaka
sól i świeżo zmielony pieprz

Kalafior blanszować we wrzącej wodzie przez 3 minuty, a następnie odcedzić. Rozgrzej olej i smaż imbir przez 1 minutę, mieszając. Dodaj warzywa i smaż przez 3 minuty, aż pokryją się olejem. Dodać sos sojowy i bulion, doprawić solą i pieprzem. Smażyć przez kolejne 2 minuty, aż warzywa będą miękkie, ale nadal chrupiące.

Sajgonki Warzywne

Służy 4

6 suszonych grzybów chińskich
30 ml/2 łyżki oleju z orzeszków ziemnych
2,5 ml/½ łyżeczki soli
2 ząbki czosnku, drobno posiekane
2 łodygi selera, posiekane
1 zielona papryka, pokrojona w plasterki
50 g pędów bambusa, pokrojonych w plasterki
100 g rozdrobnionych liści chińskich
100 g kiełków fasoli
4 kasztany wodne pokrojone w paski
3 cebule dymki (szalotki), posiekane
15 ml/1 łyżka sosu sojowego
5 ml/1 łyżeczka cukru
8 skórek sajgonek
olej z orzeszków ziemnych (orzeszków ziemnych) do smażenia

Grzyby namoczyć w ciepłej wodzie na 30 minut, następnie odcedzić. Odrzucić łodygi i posiekać kapelusze. Rozgrzać oliwę, sól i czosnek, aż czosnek zmieni kolor na złoty, następnie dodać grzyby i smażyć, mieszając, przez 2 minuty. Dodać seler, paprykę i pędy bambusa i smażyć mieszając przez 3 minuty.

Dodać kapustę, kiełki fasoli, kasztany i dymkę i smażyć mieszając przez 2 minuty. Dodać sos sojowy i cukier, zdjąć z ognia i odstawić na 2 minuty. Przełożyć na durszlak i pozostawić do ostygnięcia. Umieść kilka łyżek mieszanki nadzienia na środku każdej sajgonki, zawiń spód, załóż boki, a następnie zwiń w górę, zamykając nadzienie. Uszczelnij brzegi odrobiną mąki i wody, a następnie pozostaw do wyschnięcia na 30 minut. Rozgrzej olej i smaż sajgonki przez około 10 minut, aż będą chrupiące i złociste. Dobrze odcedź przed podaniem.

Proste Smażone Warzywa

Służy 4

45 ml/3 łyżki oleju z orzeszków ziemnych
5 ml/1 łyżeczka soli
2 plasterki korzenia imbiru, posiekane
450 g/1 funt mieszanych warzyw, takich jak pokrojone pędy bambusa, blanszowane kiełki fasoli, różyczki brokułów, pokrojona marchewka, różyczki kalafiora, pokrojona w kostkę papryka
120 ml/4 uncji/½ szklanki bulionu z kurczaka lub warzyw
15 ml/1 łyżka sosu sojowego
5 ml/1 łyżeczka cukru

Rozgrzej olej i podsmaż sól i imbir, aż lekko się zarumienią. Dodaj warzywa i smaż przez 3 minuty, aż pokryją się olejem. Dodaj bulion, sos sojowy i cukier i smaż mieszając przez około 2 minuty, aż się rozgrzeją.

Warzywa Z Miodem

Służy 4

15 ml/1 łyżka oleju z orzeszków ziemnych
1 plasterek korzenia imbiru, posiekany
2 ząbki czosnku, posiekane
100 g małej kukurydzy cukrowej
2 cebule dymki (szalotki), pokrojone w plasterki
1 czerwona papryka, pokrojona w kostkę
1 zielona papryka, pokrojona w kostkę
100 g grzybów przekrojonych na połówki
15 ml/1 łyżka miodu
15 ml/1 łyżka octu owocowego
10 ml/2 łyżeczki sosu sojowego
sól i świeżo zmielony pieprz

Rozgrzej oliwę i podsmaż imbir i czosnek, aż lekko się zarumienią. Dodać warzywa i smażyć mieszając przez 1 minutę. Dodać miód, ocet owocowy i sos sojowy, doprawić solą i pieprzem. Dobrze wymieszaj i podgrzej przed podaniem.

Smażone Wiosenne Warzywa

Służy 4

45 ml/3 łyżki oleju z orzeszków ziemnych
2 ząbki czosnku, zmiażdżone
sól
30 ml/2 łyżki sosu sojowego
30 ml/2 łyżki sosu hoisin
6 cebul dymki (szalotki), posiekanych
1 czerwona papryka, posiekana
1 zielona papryka, posiekana
100 g kiełków fasoli
225 g groszku śnieżnego, pokrojonego na 4 części
5 ml/1 łyżeczka przecieru pomidorowego (pasta)
5 ml/1 łyżeczka mąki kukurydzianej (skrobi kukurydzianej)
120 ml/4 uncji/½ szklanki bulionu z kurczaka
kilka kropel soku z cytryny
60 ml/4 łyżki posiekanego szczypiorku

Rozgrzej oliwę i podsmaż czosnek i sól, aż się lekko zrumienią. Dodać sos sojowy i hoisin i smażyć mieszając przez 1 minutę. Dodaj paprykę, kiełki fasoli i mangetout i gotuj, mieszając, aż będą miękkie, ale nadal chrupiące. Do bulionu wmieszaj przecier pomidorowy i mąkę kukurydzianą, a następnie dodaj na patelnię.

Doprowadzić do wrzenia i gotować, mieszając, aż sos zgęstnieje. Skropić sokiem z cytryny, wymieszać, następnie podawać posypane szczypiorkiem.

Marynowane Warzywa Gotowane Na Parze

Służy 4

30 ml/2 łyżki oleju z orzeszków ziemnych
225 g różyczek brokułów
225 g różyczek kalafiora
100 g boczniaków
2 marchewki, pokrojone w cienkie plasterki
1 łodyga selera, pokrojona w cienkie plasterki
120 ml/4 uncji/½ szklanki wytrawnego białego wina
30 ml/2 łyżki sosu śliwkowego
30 ml/2 łyżki sosu sojowego
sok z 1 pomarańczy
5 ml/1 łyżeczka świeżo zmielonego pieprzu
30 ml/2 łyżki octu winnego

Rozgrzej olej i smaż warzywa przez około 5 minut, a następnie przełóż je do miski. Dodać wino, sos śliwkowy, sos sojowy, sok pomarańczowy i pieprz, dobrze wymieszać. Przykryj i wstaw do lodówki na noc.

Marynowane warzywa włożyć do naczynia do gotowania na parze, przykryć i gotować na lekko wrzącej wodzie z dodatkiem octu winnego przez około 15 minut.

Warzywne niespodzianki

Służy 4

225 g różyczek brokułów

225 g różyczek kalafiora

225 g brukselki

30 ml/2 łyżki miodu

30 ml/2 łyżki sosu sojowego

30 ml/2 łyżki octu winnego

5 ml/1 łyżeczka proszku pięciu przypraw

sól i świeżo zmielony pieprz

225 g/8 uncji/2 filiżanek zwykłej (uniwersalnej) mąki

250 ml/8 uncji/1 szklanka wytrawnego białego wina

2 jajka, oddzielone

15 ml/1 łyżka otartej skórki z cytryny

olej do głębokiego smażenia

Warzywa blanszować przez 1 minutę we wrzącej wodzie, następnie odcedzić. Wymieszaj miód, sos sojowy, ocet winny, proszek pięciu przypraw, sól i pieprz. Warzywa zalać marynatą, przykryć i schładzać przez 2 godziny, od czasu do czasu mieszając. Wymieszaj mąkę, wino i żółtka na gładką masę. Białka ubić na sztywną pianę, następnie wmieszać je do ciasta. Doprawiamy solą, pieprzem i skórką z cytryny. Warzywa odcedzamy i obtaczamy w cieście. Rozgrzej olej i smaż w głębokim tłuszczu na złoty kolor. Przed podaniem odsączyć na papierze kuchennym.

www.ingramcontent.com/pod-product-compliance
Lightning Source LLC
Chambersburg PA
CBHW070423120526
44590CB00014B/1508